AF390272

PIECES
JUSTIFICATIVES,

Produites au Procès, & signifiées à l'Abbé de Saint Bertin.

Les Numeros & les Lettres qui sont en marge, sont ceux du Procès-verbal.

I.

Extractum ex Copiâ authenticâ Bullæ Erectionis Ecclesiæ Sancti Audomari in Cathedralem.

PAULUS Episcopus... ... Cameracensem verò & Collegiatam XXV. Sancti Rumoldi oppidi Mechliniensis & Trajectensem Ecclesias in Metropolitanas .... erigimus & instituimus .... ac Ecclesias Sancti Albani Namurcensem, Sancti Audomari ejusdem civitatis Sancti Audomari ... in Cathedrales erigimus ... atque in eisdem Metropolitanis Archiepiscopales, in Cathedralibus sic erectis Ecclesiis Episcopales dignitates cum Sedibus & Mensis Archiepiscopalibus ac Episcopalibus, aliisque Metropolitanarum & Cathedralium Ecclesiarum insigniis, Mensis, Arcis, Sigillis, aliisque Capitularibus insigniis honoribusque & privilegiis, quibus cæteræ Metropolitanæ & Cathedrales Ecclesiæ de jure vel consuetudine utuntur vel uti poterunt, similiter erigimus ac instituimus ... ac irritum & inane si secus super his à quoquam scienter vel ignoranter contigerit attemptari decernimus. ... Nulli ergo

A

hominum liceat . . . aufu temerario contraire. . . . Datum Romæ apud Sanctum Petrum , anno Incarnationis Dominicæ millefimo quingentefimo quinquagefimo nono , quarto Idus Maii , Pontificatus noftri anno quarto.

II.

Lettre de Marguerite Duchesse de Parme , Regente & Gouvernante , &c.

XXV. MArguerite , par la grace de Dieu , Ducheffe de Parme , de Plaifance , &c. Regente & Gouvernante, &c. Venerables trés chiers & bien Amés , Nous vous tenons affez avertis comme . . . . il avoit ci-devant pleut à feu Pape . . . Paul le Quart d'ériger l'Eglife de Saint-Omer paravant Collegiale en Cathedrale *donnant à icelle toute préeminence , authorité & prerogative que à Eglife Cathedrale appartient de droit ou de couftume* . . . . partant *Sede vacante* la jurifdiction & adminiftration eft à vous devoluë avec ceulx qui reftent du Chapitre de Terouanne ayant prins leur refidence avec vous . . . . defirant après eftre averti de ce que vous y aurez negotié &c. . . . . De Bruxelles le 14 jour de Novembre 1561. Signé MARGARITA. Et plus bas VANDER AA , & au dos : *A venerables nos tres chiers & bien amez les Doyen , Chanoines & Chapitre de l'Eglife Cathedrale de Saint Omer.*

III.

Declaratio Archiepifcopi Cameracenfis & Epifcoporum ejufdem Provinciæ in Concilio Provinciali anni 1631.

XLIX. ILluftriffimus & Reverendiffimus Dominus Archiepifcopus Cameracenfis , & Reverendiffimi Domini Epifcopi, nec non Reverendus Dominus Vicarius Generalis Sedis Audomarenfis vacantis , in Synodo Provinciali Cameraci indicta anno millefimo fexcentefimo tricefimo primo , menfis Maii die decima feptima congregati, hifce declarandum duxerunt & declararunt quod locus R. R. D. D. de Capitulo Ecclefiæ Metropolitanæ Cameracenfis incedentibus in Proceffione , & fedentibus in loco Synodali , nec non R. R. D. D. deputatis aliarum Ecclefiarum Cathedralium affignatus ab eodem latere dextro iifdem Dominis Metropolitanis & Cathedralibus tamquam dignior & honorabilior per ipfos defignatus fuit. In cujus rei fidem præfentibus fubfcripferunt , & figillo Illuftriffimi Domini communiri fecerunt die & anno quibus fupra.

Erat fignatum

† FRANCISCUS VANDERBURCH , Archiepifcopus Cameracenfis,
† MAXIMILIANUS , Epifcopus Tornacenfis,
† PAULUS , Epifcopus Atrebatenfis ,
† ENGELBERTUS, Epifcopus Namurcenfis.
CHRISTOPHORUS MORLET , Ecclefiæ Audomarenfis Vicarius Generalis & Decanus.

I V.

Atteſtation touchant l'ordre qui eſt obſervé dans les Proceſſions pu- LXXVI.
bliques entre les Chanoines de la Cathedrale d'Arras & les Re-
ligieux de Saint Vaſt.

COmparurent en leurs perſonnes venerables & diſcrets ſieurs maîtres
Loys Pory Docteur ès Droits, Archidiacre d'Arras, Vicaire General en Spirituel & Temporel de Reverendiſſime l'Evêque d'Arras, eagié
de cinquante & un ans, Jehan de Roſa, auſſi Docteur ès Droits, Archidiacre d'Oſtreven en ladite Egliſe d'Arras, eagié de ſoixante - ſix ans,
& Jehan Ganet Chantre & Chanoine d'icelle Egliſe, eagié de ſoixante-dix
ans le tout ou environ, leſquels chacun d'eulx ont dit, juré & atteſté &
pour verité affermé *in verbo Sacerdotis* ès mains & pardevant les Notaires
Royaux ſouſſignés ſur les interrogatoires à eux exhibées de la part de
Meſſieurs de l'Egliſe de Saint-Omer en la ville de Saint-Omer, par auſſi
venerable ſieur Maître Martin de Tilli, Prêtre Chantre & Chanoine d'i-
celle Egliſe de Saint-Omer, & ſur icelles particulierement interrogués
qu'ils ont veu de tout leur temps garder & obſerver entre leſdits ſieurs de
Chapitre d'Arras & Meſſieurs Abbez & Convent de Saint Vaſt dudit
Arras, que en toutes Proceſſions tant Generales que aultres, la ſtation
d'icelles ſe fait alternativement eſdites Egliſes d'Arras & Saint Vaſt, n'eſt
que on porte le Saint Sacrement: que lors ladite Station ſe fait toujours en
ladite Egliſe Cathedrale d'Arras, & indifferemment leſdits de Saint Vaſt
ont toûjours & ſont accoutumez venir querir leſdits Sieurs de Nôtre
Dame d'Arras, leſquels tiennent le droit côté & leſdits Abbé & Religieux
le ſeneſtre, tant ès ruës que ès Egliſes. Si afferment tous ceſdits atteſtant
que le Service ſe fait toujours par leſdits de Chapitre d'Arras où iceulx
Religieux ne font qu'aſſiſter. Diſent & atteſtent finalement leſdits Sieurs
Archidiacres & Chantre que toutes & quantefois que ladite Station ſe
fait en ladite Egliſe de Saint Vaſt, iceulx Abbé & Religieux convoient
leſdits de Chapitre juſque le grand Portail de led. Egliſe, étant du côté
ſeneſtre & ce ſcienment, à ſçavoir ledit ſieur de Roſa pour avoir fait re-
ſidence en icelle Egliſe d'Arras depuis l'an vingt-ſept ; ledit ſieur Ganet
Chantre par l'eſpace de ſoixante ans, & ledit ſieur Pory dix-huit ans ou
environ, dont & deſquelles atteſtations & choſes dites, de la part dudit
ſieur Tilli a requis lettres auſdits Notaires, qui lui ont été accordées, à
ſçavoir ces preſentes, pour lui valoir & aider où il appartiendra comme
de raiſon. Fait & atteſté en la cité d'Arras le cinquieme de Mai xv^C. ſoi-
ſante-ſix pardevant Jehan Julien & Jehan le Fort, Notaires Royaux ſouſ-
ſignez. *Etoit ſigné* LE FORT & JULIEN, *avec paraphe.*

4

*Autres Attestations anciennes sur l'ordre qui se garde ès Processions
à Tournay & à Arras.*

D. Adrianus de Harlin... ætatis 38 annorum qui septennio aut circiter Tornaci fuit Lusor Organorum, attestatur se vidisse Tornaci, dum
fierent Processiones generales, Religiosos Sancti Nicolai.... fere semper
comparuisse atque juxta ordinem & statum suum sese immiscere inter
Sacellanos Ecclesiæ Cathedralis, nempe pro media parte in dextro latere
inter Capellanos illius lateris & reliquos Religiosos in sinistro latere....
tunc etiam comparebant in Ecclesia Cathedrali Religiosi Sancti Martini
Ordinis Sancti Benedicti, qui pariformiter sese collocabant & miscebant
inter Sacellanos partim in dextro latere, & partim in sinistro, dictumque
Officium semper celebrabatur de parte Canonicorum.... Attrebati....
dicit esse certam consuetudinem quod.... Religiosi Sancti Vedasti...
tenent continuo.... sinistrum latus & ubicumque divinum Officium
etiam in Ecclesia & monasterio divi Vedasti celebratur per Canonicos...
anno 1569. *Signatum* A. DE HARLIN.

Dominus Philippus Damien.... ætatis annorum 36, dicit se duobus
annis cum dimidio, circa annum 1562 Tornaci inhabitasse.... vidit ibidem bis aut ter fieri Processiones generales, ad quas demandati advenerunt Prior & Religiosi Divi Martini.... & similiter Religiosi Sancti
Nicolai.... qui quidem Religiosi procedendo, atque aliàs collocabant
..... se inter Capellanos, Vicarios.... partim in dextro latere, partim in sinistro.

V.

*Attestation sur la place des Religieux de Saint Jean-au-Mont & de
Saint Augustin aux Processions de la Cathedrale de Terouane..*

LXXVI. ...... Abbates Sancti Joannis in Monte, & Sancti Augustini propè
Morinum una cum suis Prioribus & Religiosis.... respective incedentes, videlicet D. Abbas Sancti Joannis, latus dextrum obtinebat immediate sequens Decanum ejusdem Ecclesiæ Morinensis, qui primo loco
ordine retrogrado supputando, prout in Processionibus fieri solet, incedebat. Prior verò post Canonicos, reliqui sui Religiosi Capellanis & Vicariis miscebantur, ita ut quilibet Religiosorum sequeretur Capellanum
seu Vicarium, & quilibet Capellanorum Religiosum. Abbas autem Sancti Augustini latus sinistrum, antecedens Archidiaconum Flandriæ.
Prior itidem post Canonicos sequebatur, ceterique Religiosi ordine nuper dicto Capellanis miscebantur..... Acta fuerunt hæc Boloniæ supra
mare. *Signatum erat* CAFFIER.

V I.

E X T R A I T S

Des Lettres & Certificats des Eglifes du Royaume LXXVIII. & des Pays-Bas.

Lettre de l'Eglife d'Alby du 23 Juin 1732.

NOus aurions fort fouhaité pouvoir vous donner les inftruftions & les fecours que vous attendez de nous pour combattre les préten- tions de l'Abbé de S. Bertin ; prétentions qui nous paroiffent bien éxtraordinaires &c....

Lettre de l'Eglife d'Anvers du 31 Août 1732.

.... Refpondeo.... 2°. Quod Præmonftratenfes ordinarie femper & quidem fub eadem cruce noftræ Cathedralis comitentur noftras Proceffiones generales , fed hinc inde in linea recta ante pueros Chorales & Muficos noftros qui immediate præcedunt majores Canonicos Cathedrales.

3°. Quod invifum hic & inauditum fit Abbatem prædiftum aut alium quempiam unquam inceffiffe aut prætendiffe incedere in Proceffionibus generalibus poft prædiétos majores Canonicos Cathedrales in Pontificalibus aut alias , multo minus in medio ante umbellam.

4°. Quod invifum pariter & inauditum hic fit quod Abbas aliquis aut alius Monachus geftare prætenderit Venerabile Sacramentum in Proceffionibus noftris generalibus abfente Epifcopo vel Decano noftro.

5°. Quod Michaelitæ in introduétione, folemni Epifcopi noftri anno 1700 prætenderint fe turbatos in ordine fuo per Canonicos fecundæ fundationis & Capellanos Ecclefiæ noftræ & anno fequenti in egreffu potiffimum fupplicationis folemnis ex Ecclefia noftra cum Venerabili Sacramento,eaque durante magnam confufionem & fcandalum caufaverint ex eo quod ordine & more folitis incedere nollent , fed prætenderent fe jungere hinc inde in linea recta cum majoribus Canonicis Cathedralibus & excludere pueros noftros Chorales & Muficos qui in linea recta inter nos & ipfos utrimque folebant ire intermedii.

6°. Quod lite defuper contra nos ab ipfis intentata in fupremo Brabrantiæ Senatu ob Decretum Provifionale nihil attentandi tamdiu fine Muficis & Cantu fupplicationes folemnes fuerint habitæ , & litigatum, donec per fententiam ejufdem Senatus fuccubuerint prout videre eft ex copia hic inclufa.

7. Quod exinde Abbas & Religiofi Præmoftratenfes pacifice incefferint ante pueros Chorales & Muficos noftros , ordine & modo fupra diftis.

8°. Quod à 16 circiter annis prædifto Abbati (in initio fcilicet præfulatus fui) pariter *pulchrum vifum fuerit* femel in Pontificalibus crucem præ fe ferens in circuitu folemni incedere..... ante pueros noftros Chorales & Muficos ; fed tam exoticum hoc omnibus vifum fuit ut rifui fe potius expofuerit quam laudi ac deinceps nunquam amplius comparuerit.

Lettre de l'Eglife d'Apt du 15 Juin 1732.

. . . . : Rien ne nous paroît plus furprenant ni plus nouveau que les prétentions de Monfieur l'Abbé de Saint Bertin, elles font auffi fans exemple dans le Royanme, & certainement contraires à la déclaration du Roi, à l'ufage de l'Eglife de France, & odieufes à tous les Chapitres. La jurifdiction de cet Abbé ne peut regarder que fes Religieux, & il n'aura jamais droit de vouloir l'étendre fur un corps qui étant devenu le dépofitaire de l'autorité Epifcopale, doit avoir par ce feul titre dans toutes les occafions la préféance fur tous les corps réguliers ; encore moins eft-il fondé cet Abbé de prétendre d'arborer fa Mitre & fa Croffe en préfence de Monfieur votre Evêque, qui eft l'unique & légitime Supérieur du Diocéfe ; apparemment cet Abbé ignore l'ordre établi dans la Hiérarchie de l'Eglife, & les déliberations du Clergé de France . . . . En vain oppofera-t-il les prétendus Reglemens de Monfieur le Nonce, & & la Bulle de Clement VIII ; ce font là des Titres informes par les défectuofités, dont vous les notés, qui ne fçauroient préjudicier, ni au droit des parties, ni au droit commun.

Lettre de l'Eglife d'Arras du 19 Avril 1732.

. . . . Il n'y a aucune conteftation entre le Chapître d'Arras & Meffieurs de l'Abbaye de S. Vaaft, au fujet du rang & de l'ordre des Proceffions generales ; ils ont la gauche, & le Chapitre a la droite fans jamais la quitter.

Monfeigneur l'Evêque d'Arras y officie, & il y porte le Saint Sacrement ; dans fon abfence, c'eft le Doyen de la Cathedrale ; & dans l'abfence du Doyen, c'eft le Chanoine femainier : on ne voit pas que lorfqu'il y a eu des Abbés Reguliers à S. Vaaft, & réfidens à Arras, ils aient jamais prétendu officier, & porter le Saint Sacrement aux Proceffions generales.

Lettre de l'Eglife de Bourges du 10 Juin 1732.

. . . . . Les Benedictins de l'Abbaye de S. Sulpice de Bourges, laquelle eft très-ancienne & très-célebre, & une de celles qui étant demeurées en regle ont confervé le droit d'élection, affiftent aux feules Proceffions qui fe font pour le Roi, comme *Te Deum, &c.* alors ils viennent dans la Cathédrale, l'Abbé comme les autres, s'il eft préfent. Ils ne font que traverfer le Chœur, où ils faluent le Saint Sacrement & fe retirent auffi-

tôt par une des Collaterales pour prendre leur rang à la Proceſſion dehors
le Chœur . . . . . Cet Abbé ne porte jamais ſa Croſſe & ſa Mitre
dans les Proceſſions dont je viens de parler , & lorſqu'il y aſſiſte avec le
Clergé de Bourges. Mais il y a quelques années que , pour ſatisfaire une
dévotion du peuple, ces Religieux ayant fait en particulier une Proceſſion dans un quartier de la ville , où ils ont leur Juſtice adminiſtrée
par leur Bailly & autres Officiers , & où eſt une Paroiſſe de la Ville dont
ils ſont Patron & Curé primitif , l'Abbé y porta ſa Croſſe & ſa Mitre :
ce qui lui fit une affaire avec Monſieur le Cardinal de Geſvres , alors Archevêque , qui obligea cet Abbé de renoncer pour l'avenir à pareille en-
trepriſe , par écrit.

    . . . . Procès ayant été mû en l'année 1362 en-
tre l'Abbé de S. Lucien & l'Abbé de S. Quentin, pour la préſeance que
les uns prétendoient ſur les autres aux Proceſſions ſolemnelles , auxquelles les Religieux de ces deux Abbayes étoient & ſont encore obligés d'ac-
compagner l'Egliſe Cathedrale , ... ce different fut terminé entre
leſdites Abbayes de S. Lucien Ordre de S. Benoît , & de S. Quentin
Chanoines Reguliers de la Congregation de France , par une Sentence
omologuée en Parlement , rendue par un Commiſſaire nommé par le
Roi , par laquelle il eſt dit, que toutes les fois que les Religieux de
S. Lucien & S. Quentin iront en Proceſſion (ce ſont les termes) les
Abbés , Prieurs & autres Religieux deſdites Egliſes , iront, feront &
ſe tenront les uns endroit les autres , & les auſſi avant comme les autres,
pourvû toutes voies que les Religieux de S. Lucian iront & ſe tenront
du côté dextre , & les Religieux de S. Quentin du côté ſeneſtre , &c.
  C'eſt ce qui s'obſerve encore aujourd'hui , lorſque ces deux Abbayes
viennent aux Proceſſions ſolemnelles que fait la Cathedrale , & elles
marchent l'une à droite & l'autre à gauche , immédiatement devant les
enfans de Chœur.

  . . . . Voici nos uſages, lorſque les Abbayes
des Benedictins & des Feuillans qui ſont dans cette ville doivent aſſiſter
à nos Proceſſions , les Religieux ſe rendent dans notre Egliſe à l'heure
marquée , ils entrent dans le Chœur par la Porte dorée , pourvu qu'ils
n'arrivent pas pendant notre Office , en ce cas , ils ſont obligés d'entrer
par les portes qui ſont à côté , ils ſe placent au Chœur dans les ſix ſtales
du ſecond rang du côté de l'Autel , & s'ils ſont plus de ſix , les autres
ſont obligés de ſe placer dans le troiſiéme rang des ſtales. . . . . . . Le
jour de l'Invention de Saint Etienne , les deux Abbayes aſſiſtent à
notre grande Meſſe , ce jour-là ſeulement , nos Vicaires ſe rangent tous
dans le ſecond rang du côté droit & les Moines au deuxiéme rang du

côté gauche ; quoique les Abbés foient à leur tête, cela ne produit aucun changement ; nous ne marchons jamais cotte à cotte avec les Abbayes, elles figurent enfemble : nous venons enfuite, & nous fermons la marche....... Il y a quelque tems qu'un de ces Abbés voulut s'avifer de donner la Benediction Pontificale : nous fortîmes du Chœur en entonnant un *Libera* qu'on avoit accoutumé de dire à voix baffe pour une abfoute : l'Abbé fut déconcerté & envoya le lendemain faire des excufes, avec promeffes de ne plus faire pareille entreprife...... Monfeigneur notre Evêque a droit de porter le Saint-Sacrement le jour de la Fête-Dieu & l'Octave qui eft le jour de la Proceffion folemnelle : en fon abfence ce droit eft dévolu à M. le Doyen, & en l'abfence de celui-ci, au Chanoine hebdomadier privativement à tous autres : ce droit eft reglé par un Arrêt du Confeil Privé du Roy. Il y a quelques années que M. le Suffragant de Limoges prétendit avoir le droit de faire cette Proceffion préferablement à M. le Doyen, il appuya fa prétention par une Lettre de M. le Comte de Saint-Florentin, Secretaire d'Etat, qui nous fut fignifiée par M. l'Intendant : M. notre Doyen ne laiffa pas de faire l'Office, nous fîmes nos très-humbles Remôntrances à notre genereux Monarque, qui eût la bonté de ne point condamner notre procedé.

Lettre de l'Eglife de Reims du 19 Avril 1732.

. . . . : . . . . : . . . : Les Peres Benedictins des Abbayes de Saint Remy & Saint Nicaife fe trouvent feulement aux Proceffions generales avec nous, & occupent tout le côté gauche, tant à l'Eglife, que pendant la Proceffion ; fi les Abbés étoient Reguliers, nous ne foufriririons jamais qu'ils affiftaffent avec nous à ces Ceremonies en croffe & en mître.

Lettre de l'Eglife de Rennes du 15 Juin 1732.

. . . . Aux Proceffions generales... les Religieux de Saint Melaine marchent devant nous, & après les Paroiffes de la ville, & fi leur Abbé Commendataire étoit réfident, & qu'il voulut marcher, ce feroit en roquet à la droite du Prieur de fon Abbaye dans le même rang & à la queue de fes Religieux, comme il fe pratiquoit autrefois que l'Abbé étoit Regulier.

Lettre de l'Eglife de Sens du 14 Juin 1732.

VOus avez un interêt effentiel de vous oppofer aux prétentions des Abbé & Religieux de Saint Bertin.... Il y a dans cette ville deux Abbayes de Benedictins, une de Chanoines Reguliers & une de Prémontrés.... Mais jamais elles n'ont prétendu aller de pair avec nous, & les Abbés ne nous ont point difputé les Droits honorifiques.

Lettre

Lettre de l'Eglise de Seés du 20 Juin 1732.

...Les Religieux de Saint Martin n'affiftent qu'à la Proceffion de l'Af-
fomption & aux Proceffions generales ordonnées par l'Evêque pour
des faits qui intereffent le Roy ou la Famille Royale, l'Abbé paroît
dans ces Proceffions avec fon habit ordinaire de Religieux, la feule
diftinction qu'il a, eft de figurer avec notre Prevôt qui eft notre premiere Dignité, le Prevôt ferme le rang à droite, & l'Abbé ferme le
rang à gauche, ainfi l'Abbé n'a le pas qu'après le Prevôt : l'Evêque
marche au milieu & ferme les deux rangs : le Prieur & les Religieux
ne font admis ni dans l'un ni l'autre rang, ils marchent fur deux lignes
immédiatement avant la Croix du Chapitre Cathedral, les Religieux
font précedés de leur Croix. Lorfque le Prevôt n'eft point à la Proceffion, il n'eft point remplacé par l'Abbé, mais par une autre Dignité,
& au défaut d'une Dignité par un Chanoine ; de forte que l'Abbé figu-
reroit à la gauche avec un Chanoine qui feroit à la droite. Les Religieux
affiftent encore à tous les *Te Deum* indiqués par l'Evêque & chantés
pour rendre graces à Dieu de quelque bienfait qui intereffe l'Etat ;
le Prevôt eft alors dans le premier ftal d'office, & l'Abbé dans le fecond,
à moins que le grand Chantre, qui eft notre feconde Dignité, ne foit
en Chappe & avec fon Bâton, car alors cette feconde Dignité occupe
le fecond ftal, & l'Abbé n'a que le troifiéme. Le Prevôt abfent, il eft
remplacé par une autre Dignité, ou Chanoine dans le premier ftal, les
Dignités & Chanoines occupent de fuite & aux deux côtés du Chœur
les ftales les plus honorables après celui de l'Abbé, le prieur & les
Religieux occupent des deux côtés les ftales qui reftent à remplir ; lorfque
l'Evêque eft abfent, le Prevôt officie, en l'abfence du Prevôt, c'eft une
autre Dignité, & au défaut de Dignité, c'eft à un Chanoine à officier ;
jamais l'Abbé n'officie à ces ceremonies.

Lettre de l'Eglife de Vienne du 19 Juin 1732.

. . . . : Nous avons dans notre ville deux Abbayes dont le Clergé & les Abbés affiftent à nos Proceffions generales,
ce font les Abbayes de Saint Pierre & Saint André, toutes deux an-
ciennement de l'Ordre de Saint Benoît, mais la premiere fut fécularifée
dès le commencement du fiecle précedent. Celle de Saint André eft en
Commende, & elle a le troifiéme rang à nos Proceffions.... Pour l'Abbaye de Saint Pierre, comme elle eft fecularifée *in capite & in membris*,
on a confervé à l'Abbé qui eft Titulaire, tous les honneurs qu'il avoit
lorfqu'il étoit Abbé Regulier, il officie dans fon Eglife comme les Abbés
benits dans les leurs, & fouvent les Abbés de Saint Pierre font venus
à nos Proceffions avec leur Chapitre, mais fans autre diftinction que le
Camail & le Rochet, & fans autre rang que celui qu'il tient dans le

Chapitre qui occupe le fecond rang aux Proceffions generales. Le Prédeceffeur de l'Abbé moderne avoit entrepris de porter la Croix pectorale comme les Evêques, & la portoit fur fon Camail à nos Proceffions à la queue de celle de fon Eglife, mais un de nos Archevêques la lui fit quitter par Arrêt du Grand-Confeil du 29 Janvier 1701.

Arrêt du Parlement de Dijon fervant de Reglement pour les Proceffions, entre la nouvelle Cathedrale érigée en cette ville, & l'Abbaye de Saint Benigne du 19 Janvier 1732.

LXXIX. VEu l'Extrait, figné PHELYPPEAUX, de l'Arrêt du Confeil d'Etat rendu fur la Requête des Abbé, Prieun & Religieux de l'Abbaye de Saint Benigne de Dijon le 18 Août 1730, par lequel le Roi étant en fon Confeil, interpretant fes Lettres Patentes, confirmatives de la Bulle portant creation d'un Evêché en cette ville, ordonne que dans les Proceffions generales, Ceremonies & Affemblées publiques qui fe feront ou ont coutume de fe faire en ladite ville de Dijon, lefdits Abbé, Prieur & Religieux de l'Abbaye de Saint Benigne marcheront & auront la gauche de la Cathedrale fur la même ligne, ainfi, & comme il fe pratique entre les Doyen, Chanoines & Chapitre de l'Eglife Cathedrale de Blois, & les Religieux de l'Abbaye de Saint Laumer de ladite ville; les Lettres Patentes fignées LOUIS, fur le replis par le Roy, PHELYPPEAUX, *Vifa*, CHAUVELIN, & fcellé en cire verte, données à Verfailles au mois d'Août dernier, pour l'entiere execution dudit Arrêt du Confeil; la Requête des Prieur & Religieux du Convent de ladite Abbaye de Saint Benigne de Dijon du 26 Novembre dernier, à ce qu'il plût à la Cour ordonner que ledit Arrêt du Confeil & lefdites Lettres Patentes feroient enregiftrées au Gref de la Cour pour être exe-cutées fuivant leur forme & teneur, & leur donner acte des Traités, Concordats, Claufes & Conditions fuivantes, convenues entre lefdits Doyen, Chanoines & Chapitre de l'Eglife Cathedrale de Saint Etienne de cette ville, & lefdits Prieur, Religieux & Convent de Saint Benigne, icelles omologuant, ordonner..... que.. lefdits Prieur & Religieux connoiffant que les premiers honneurs & prééminences appartiennent à l'Eglife Cathedrale, fe défiftent...... La Cour a ordonné & ordonne que lefdits Arrêt du Confeil & Lettres Patentes du mois d'Août dernier feront enregiftrées pour être executées felon fa forme & teneur, octroye acte aufdits Prieur & Religieux de l'Abbaye de Saint Benigne de Dijon, des Traités, Concordats, Claufes & Conditions contenues en leur Requête du 26 Novembre dernier, & iceux omologuant, ordonne qu'ils feront pareillement enregiftrés pour être executés, &c.

Arrêt du Conseil Souverain de Brabant pour les Doyen, Cha-
noines & Chapitre de l'Eglise Cathedrale d'Anvers, contre
les Abbé & Religieux de Saint Michel de la même ville du
20 Novembre 1711. *

* Traduit du Fla-
mand.

VEu au Conseil Souverain de sa Majesté établi en Brabant, la Requête presentée par les Demandeurs (lesdits Abbé & Religieux)
tendante à . . . . . marcher dans toutes les Processions solemnelles immédiatement devant les grands Chanoines, ... La Cour . . . . . declare
lesdits Demandeurs non-fondés ni recevables en leurs Conclusions, &c.

A.

VII.

Lettre de l'Eglise de Quimper du 11 Juin 1732.

NOtre Eglise Cathedrale de Quimper jouït & a jouï de tout tems
paisiblement de la Prééminence & des Droits qui lui sont dûs
sans qu'aucun Abbé ni autre quelconque, de quelque rang qu'il soit, l'y
ait troublé. Si l'on s'avise de vous citer dans les écrits, ou autrement
le fait rapporté dans le nouveau Dictionnaire de Morery, tom. 6,
lettre Q. pag. 18 . . . . . « L'Abbé de Daoulas est le premier Chanoine
» du Chapitre (de Quimper) sa Chaire est dans le Chœur vis-à-vis de
» celle de l'Evêque, & aux Processions il marche à sa gauche, de même
» que ses Religieux marchent à la gauche des Chanoines. . . . . Le Fait
est faux dans les deux points, il est faux que l'Abbé de Daoulas ait une
Chaire au Chœur, & qu'il marche aux Processions avec ses Religieux
à la gauche de l'Evêque & du Chapitre.

LXXVIII.

VIII.

Testimonium de Ordine & Dignitate Præpositi Ecclesiæ
Leodiensis, die 8 Februarii 1614.

WYnandus à Wyngaerd insignis Cathedralis Ecclesiæ Leodiensis
Præpositus, notum facimus & attestamur Præposituram Ecclesiæ Cathedralis Leodiensis fuisse & esse dictæ Ecclesiæ ac Patriæ &
totius Diœcesis dignitatem post Pontificalem primam seu majorem,
quodque illam pro tempore obtinentes semper habuerint & habeant, (extra tamen dictæ Ecclesiæ Capitulum) Primariun seu primum locum tàm
in privatis quàm publicis, & aliis Sessionibus, Conventionibus & Con-
gregationibus quibuscumque, quodque præcedant & antecedant Abbates
ac Prælatos quoscumque dictæ Patriæ & Diœcesis, cujuscumque ordinis existant, & quacumque præfulgeant dignitate, hocque esse publicum,
notorium & manifestum, atque ita semper observatum fuisse & observa-
ri : in quorum fidem Præsentes per Officiales Curiæ nostræ Præposita-
lis fieri ac subscriptione nostra & sigillo munivimus seu muniri fecimus. Datum Leodii sub anno Domini millesimo sexentesimo decimo
quarto, mensis Februarii die octava, Pontif. Sanctif. P. N. Pauli P. V.
anno nono. Subsignatum *Wynadus à Wyngaerd Præpositus Leodiensis.*

LXXX.

IX.

Extractum ex Decretis Congregationis Sacrorum Rituum de Abbatibus..... 27 Septembris 1659.

LXV. SAcrorum Rituum Congregatio tollendis ac eliminandis circa Ecclefiafticos ritus , qui irrepferunt, abufibus, fedulo intenta, poft Epifcoporum Ceremoniale evulgatum..... idem quoad inferiores Prælatos, qui Pontificalium ufu fruuntur, præftandum curare neceffarium exiftimavit, ut exceffus aboleantur, uniformifque inducatur facrorum ritus in omnibus, eo præfertim tempore quo privilegia ipfi perperam interpretantes obtendentefque , parum obfequi ftudent Decretis pluries ab eadem facra Congregatione hac in remet evulgatis , aut ipfa ignorare prætexunt. . . . . Si Épifcopus aderit, ipfius fedes in cornu evangelii uno faltem gradu eminentior Abbatiali eft erigenda; hæcque altero gradu humilior, ut dictum eft, in cornu epiftolæ collocetur, à latere Epifcopi Canonici Cathedralis, propè Abbatem Canonici vel Monachi Monafterii & Abbatialis Ecclefiæ confideant. Confeffionem cum Celebrante Epifcopus faciat, ifque thus thuribulo imponat, evangeliorum textum ofculetur & populo folemniter (quamvis Abbas ipfe pontificaliter celebret) benedicat. Epifcopus præterea trino ductu & immediatè Canonici Cathedralis duplici , moxque Abbas (nifi celebret) pariter duplici, ac fubindè Canonici, vel Monachi Abbatialis Ecclefiæ unico tantum ductu thurificentur, &c.

X.

Extractum ex libro cui titulus eft : Augustini Barbofæ.... Summa Apoftolicarum decifionum extra Jus commune vagantium &c. Lugduni anno 1680. Pag. 4. N. 28.

XLV. ABbas licet exemptus & habens Privilegium ufus pontificalium, non poteft illis uti extra Monafterium nifi de licentia Ordinarii *in Cameracen. 6 Decembris 1631, referente Séllio D. cap. 19. N. 8.*

Eadem pagina N. 30.

Abbati habenti Jurifdictionem quafi Epifcopalem cum ufu Mitræ & Baculi non licet deferre Mitram extra propriam ejus Ecclefiam per Dioecefes Ordinariorum abfque fpeciali indulgentia Sedis Apoftolicæ NEC SINE NEC CUM LICENTIA Ordinariorum. *Sacra Congregatio Rit. in Tornacen. 2 Augufti 1631, cujus meminit. Aldan. D. lib. 1, tit. 8, num. 15, quem refero in Collect. ad Conc. Trid. feff. 6, de Reformat. cap. 6, num. 22.*

Eadem pag. N. 31.

Abbas in Proceffionibus extra fuam Ecclefiam & Conventum non poteft uti Mitra & Baculo , nec etiam ante fe deferri facere. *Sacra Cong. Rit. in Eugubina 17 Julii 1604, quam refert Sellins D. c. 19. N. 24.*

XI.

*Extractum ex Decisione Sacræ Rituum Congregationis data die
27 Septembris anno 1659. Cap. VIII.*

Itram pretiofam nifi illis expreffe à Sancta Sede indultam non ad-
hibeant *, fub Mitra pileolum nigri tantum coloris induant. Baculum paftoralem albo velo appenfo deferant, ab iifque & aliis Pontificalibus ETIAM DE ORDINARIORUM LICENTIA extra Ecclefias fibi fub-
jectas prorfus abftineant, & neque in Proceffionibus quæ ab eorum Ecclefiis per vias extra Ambitum vel Parochiam ducuntur, infigniis prædictis utantur vel penes fe perferri faciant.

XII.

Atteftations des Evêques des Pays-Bas.

De M. l'Archevêque de Malines.

OUS Humbert Guilliaume de Precipiano, par la grace de Dieu,
& du Saint Siége Apoftolique, Archevêque de Malines, Primat
des Pays-Bas, Delegué Apoftolique aux Armées de Sa Majefté, de fon
Confeil d'Etat, &c. Sçavoir faifons & atteftons par cette qu'il n'eft pas
permis à aucun Abbé, ou autre Prelat d'officier Pontificalement dans
notre Diocèfe hors leur Eglife Abbatiale fans notre aveu & permiffion;
c'eft pourquoi ils font accoûtumés de demander ladite permiffion une
fois pour toujours, immédiatement-après leur Benediction, ou autrement obligés de nous la demander à chaque fois qu'ils fouhaitent d'officier Pontificalement; ce qui eft conforme non-feulement aux Conftitu-
tions des facrés Canons, mais encore à l'ufage inconteftable & coutumes
de notredit Diocèfe. En foi de quoi Nous avons figné cette, & fait mu-
nir du cachet de nos armes. Fait à Bruxelles le 9 Decembre 1707. *Etoit
figné* H. G. Archevêque de Malines.

Vicarii generales Epifcopatus Antuerpienfis vacantis......

Tteftamur confuetudinem hic vigere qua Abbates in hac Diœcefi
licentiam petunt ab Epifcopo vel fede vacante à Vicariatu, utendi
infigniis Pontificalibus, dum extra proprium Monafterium Officium Divinum facere intendunt, neque iis uti præfumunt nifi ea obtenta; quodque recenter Abbas S. Salvatoris in hac civitate licentiam illam petiit fede
vacante uti & obtinuit, & antea fede alias vacante Abbas S. Bernardi
ad Schaldim petiit, & ob rationes non obtinuit, neque infigniis illis ufus
eft, nifi licentia poft notabile tempus iterato petita, & obtenta, & pla-
ne, ac fine hæfitatione judicamus confuetudinem illam fervandam effe.

neque ullo modo pateremur illi contravenire, si casus novus occurreret, in quorum fidem hasce per Secretarium nostrum expediri ac Officii nostri sigillo muniri mandavimus. Antuerpiæ in Vicariatu 3 Februarii anno Domini 1708.

De M. l'Evèque de Bruges.

NOus Guillaume Bassery Evêque de Bruges, &c. Declarons & certifions à tous ceux qu'il appartiendra que l'usage de notre Diocèse conformément au droit, est que nul Abbé y officie pontificalement hors de son Monastere sans notre permission, laquelle s'est quelquefois donnée par écrit, tant par Nous que par nos Predecesseurs, mais souvent tant seulement de bouche ; qu'ensuite de cela aussi un Abbé de l'Ordre de S. Benoît de notre Diocèse, ayant dessein de chanter la Messe pontificalement dans la Ville d'Ostende sans qu'il nous eût demandé la permission, nous lui en fîmes faire défense, à laquelle il a acquiescé, & nous en a venu demander la licence; de même qu'un autre Abbé d'un Diocèse voisin, aussi de l'Ordre de S. Benoît, nous a demandé la permission de chanter la Messe pontificalement dans l'Eglise d'une Abbaye du même Ordre dans notre Diocèse... *Fait à Bruges le 18 Decembre 1705.*

De M. l'Evèque de Gand.

PHilippus Erardus Wandernoot, Dei & Apostolicæ Sedis gratia Episcopus Gandavensis... præsentium tenore notum facimus & attestamur Rev. Dom. Abbates Diœcesis nostræ in primo Episcoporum ingressu in Civitatem Gandavensem consuevisse cum Mitrâ & Pedo... Episcopum intrantem...... deducere ad Ecclesiam suam Cathedralem, idque ad invitationem Vicariorum Generalium. Deinde fidem facimus D. D. Abbates in nullis Processionibus generalibus Corporis Christi aut aliis..... solemnitatibus comparere cum Mitrâ aut Pedo, NISI EXPRESSE REQUIRANTUR, excepto illo sancti Petri, de quo testamur illum in præfata Processione Corporis Christi posse comparere IN HABITU SUO RELIGIOSO DUMTAXAT....... denique præfatum Abbatem sancti Petri, tamquam Primatem Flandriæ antiquitus in Comitum Flandriæ inauguratione EX SINGULARI PRIVILEGIO REGIS SEU COMITIS consuevisse ANTE HUJUS EPISCOPATUS ERECTIONEM intervenire inaugurationibus eorumdem Principum eis gladium accingendo, idque in Pontificalibus, uti solemnis actus exigit. Anno 1708 Januarii die decimâ. *Erat signatum* P. E. Episcopus Gandavensis.

Ex Registro Episcop. Gandavensis, die 19 Augusti 1698.

COncessa fuit facultas Dom. Abbati sancti Bernardi utendi Mitrâ & Pedo Abbatialibus sub hâc formulâ......... cum nobis exposueritis quod interdum requiramini Missam solemnem cum Mitrâ & Pedo celebrare, quodque petentium defideriis DEFECTU LICENTIÆ NOSTRÆ AD HOC NECESSARIÆ SATISFACERE NON POSSITIS, petentes propterea illam vobis concedi . . . . præfentium tenore facultatem & licentiam concedimus & impartimur.

XIII.

Extractum ex Regiftro Capitulari Ecclefiæ Collegiatæ Sancti Audomari, notato littera D, fol. 141 recto & verfo.

ANno Domini millefimo quingentefimo tricefimo quinto menfis Octobris die 28. Proceffione generali indicta ob repofitionem venerabilium Corporum fanctorum Audomari & Bertini ftationeque pro ea vice affignata & exiftente in hac Ecclefia fancti Audomari, cum DD. mei totumque Collegium Beneficiatorum & Habituatorum dicte hujus Ecclefie in Cappis . . . . ad Ecclefiam fancti Bertini cum Capfa feu feretro venerabilis Corporis fancti Audomari proceffionaliter acceffiffent, indeque affumpto & venerabili Corpore fancti Bertini, prefente & affiftente Rev. Patre D. Enguelberto d'Efpagne Abbate in Pontificalibus cum Mitra & Baculo Paftorali induto, ac Religiofis prefati Monafterii proceffionaliter fimul (prout facere confueverant) ad Ecclefiam prefatam fancti Audomari reverterentur, Proceffione adhuc exiftente in Patronatu fancti Bertini juxta Ecclefiam feu Cemeterium fancte Margarete, prefati D. D. mei Decanus & Canonici in eadem Proceffione prefentes ipfi Rev. Domino Abbati, priufquam Patronatum fancti Audomari attingeret, per circumfpectos viros Joannem Coftard feniorem Ballivum, ac Joannem Honvolt Procuratorem eorum, gratiofe exponi fecerunt qualiter ipfi non folum ab ejus Jurifdictione fed etiam ab Ordinaria ac Metropolitana notorie exempti erant, & idcirco non paterentur Epifcopum Morinenfem Diœcefanum, eorum Confratrem, aut ejus Suffraganeum, nec minus Rev. in Chrifto Patrem & Dominum Epifcopum Atrebatenfem eorum Prepofitum Prelatum ac Judicem ordinarium, aut quemcumque alium in fimili aut relative quovis alio cafu Mitra & Baculo Paftorali uti ac in Pontificalibus incedere aut Pontificalia exercere in Ecclefia aut Patronatu fancti Audomari abfque eorum licentia & confenfu; quodque ipfi cum fuo immediato Predeceffore bone memorie dicti Monafterii dum viveret Abbate, prout cum eo hactenus fecerunt, utriufque Jurifdictione falva & illefa pacifice vixiffent prout & fecum facere optabant, quantum in eis effet; verum fi fic in Pontificalibus fua authoritate & abfque licentia & confenfu eorum fuper Patronatu & in Ecclefia fancti Audomari procedere & illic Collectas cantare intenderet, rem novam ac eis & eorum exemptioni prejudiciabilem attentare videretur, quam æquo animo tolerare aut diffimulare non poffent abfque querimonia & Juris remedio, at fi licentiam petere aut litteras non prejudicii feu indemnitatis eifdem Dominis annuere vellet, in eo cafu

XLII.

Paternitatem fuam libenter admitterent ; fi veró nullâ habitâ ratione premiſſorum , eis invitis & reclamantibus eorum Juriſdictionem invadere
attemptaret , illatam ac de facto præſumptam injuriam ac gravamen ob
reverentiam Servitii Divini , ac venerabilium Corporum prædictorum ,
& ne ex eorum altercatione & diſſidio populo circumſtanti ſcandalum
generaretur , pro hoc actu diſſimularent , poſtea tamen actionem ſuper
illato præjudicio coram Judice competente inſtituturi ac proſecuturi ,
de quo expreſſe proteſtabantur , ſuam Paternitatem proinde rogantes &
hortantes ne eis cauſam queremonie preberet , neve eis faceret quod ſibi
ab eiſdem fieri nollet , & minime pateretur ; qui quidem Rev. D. Abbas
prefatis Coſtard & Honvolt ſe nihil novi facere , ſibique licere quod ſuo
Predeceſſori licuerat , nec ab incepto velle deſiſtere reſpondit ; nihilominus tamen ſtatim in quadam Domo quam apertam invenit à dicta Proceſſione cum ſuis Capellanis , familiaribus ac Rev. in Chriſto Patre &
D. D. Epiſcopo Damaſceno Morinenſi Suffraganeo ſeſe ſubſtraxit
Proceſſione relicta & ulterius progrediente abſque ullo rumore aut
ſcandalo ; quæ omnia & ſingula idem Joannes Coſtard & Joannes Honvolt , medio eorum & cujuſlibet ipſorum juramento ad hoc corporaliter
præſtito ſic per præfatos D. D. meos Decanum & Capitulum ſibi injun-
cta & commiſſa ac per eoſdem ipſi Rev. Domino Abbati expoſita ſe-
rioſe ac declarata nec non per eundem Dominum Abbatem ad ea quæ
ſibi propoſuerunt reſponſum fuiſſe aſſeveraverunt & affirmaverunt.

Ad relationem præfatorum Joannis Coſtard & Joannis Honvolt , *eſt
ſigné* N. Rosa Notarius *avec paraphe.*

XIV.

*Extractum ex Regiſtro Capitulari Eccleſiæ Collegiatæ Sancti Au-
domari , in Regiſtro notato littera D , folio 141 , recto & verſo ,
3 Novembris.*

XLII. A Nno Domini milleſimo quingenteſimo triceſimo quinto menſis Novembris die tertia comparuerunt in Capitulo coram Dominis meis
capitulariter congregatis venerabiles Domini Rolandus Le Merchier
& Guillelmus Le Bacre , Religioſi Monaſterii ſancti Bertini una cum
eximio viro Magiſtro Guillelmo Geffeſte jurium Licentiato Ballivo ac
magiſtro Nicolao Galhault Notario Servitoribus & Officiariis Reveren.
P. Domini Inghelberti Deſpagne prædicti Monaſterii Abbatis , qui petita & obtenta dicendi Licentia per organum prædicti Domini Rolandi
Religioſi expoſuerunt . . . . ſe à prædicto Rev. Domino
eorum Abbate ad Dominos meos traſmiſſos ad hoc expreſſe ut à Dominis meis intelligerent qua occaſione moti in ultima Proceſſione generali ,
videlicet die Repoſitionis venerabilium Corporum Sanctorum Audomari & Bertini , contra amicitiæ & ſocietatis hujuſmodi tenorem inhiberi
feciſſent ipſi eorum Abbati tunc preſenti & in Pontificalibus ob reverentiam

tiam præfatorum Corporum affiftenti, & ad Ecclefiam fancti Audomari
proceffionaliter cum Mitra & Baculo Paftorali venire paranti (prout fui
Prædeceffores in fimili cafu facere confueverant) ne in Pontificalibus fuper eorum Patronatu procederet : quidve ei feciffent fi proceffiffet non
obftante eorum inhibitione, aut quid facerent, fi pofthac, cafu fimili
exigente, veniret ? quibus auditis, eifdem Deputatis parumper fecedere
juffis, Domini mei prædicti habita fuper præmiffis inter eos matura deliberatione, dictis Deputatis ftatim revocatis, per organum venerabilis
& egregii Viri Domini ac Magiftri Natalis de Rofa, hujus Ecclefiæ Decani eifdem generofe responfum præftitere, quod mutuam quam propo-
fuerant amicitiam & focietatem femper plurimum feciffent, eamque
pro viribus omnibus officiis excoluiffent & illæfam obfervaffent, nihil-
que effe quod eidem magis derogare videretur quam fi alter alterius Jurifdictionem pretextu amicitiæ fibi vindicare & authoritatem ac præemi-
nentiam in focios aut vicinos à fe omnino exemptos ufurpare præfumat,
prout ipfe R.P. attemptare voluiffe videbatur in actu præmiffo, cui tamen non inhibuerant aut inhiberi fecerant ne ulterius procederet, fed
folum pro Juris ac Jurifdictionis eorum confervatione eidem per eorum
Ballivum & Procuratorem generofe exponi fecerant, quod fi in habitu
Pontificali in quo erat cum Mitra & Baculo Paftorali præter folitum
fuper eorum Patronatu procedere & ad Ecclefiam eorum accedere vellet,
eum libenter admitterent petita licentia aut datis ipfis ejus in forma rele-
vante indemnitatis ac nullius præjudicii litteris, fine quibus attenta eorum exemptione Epifcopum Morinenfem Diœcefanum, Metropolita-
num, neque Epifcopum Atrebatenfem eorum Præpofitum ac Prælatum,
neque alium quempiam cujufcumque dignitatis aut præeminentiæ in
Pontificalibus minime admitterent ; verum fi non obftante præmiffis
procederet, injuriam & gravamen ob reverentiam Divini Cultûs ac fta-
tus Ecclefiæ & ne adftantibus ex eorum altercatione & controverfia
fcandali & maledicentiæ occafionem præberent, pro hac vice diffimula-
rent, proteftantes de reparatione gravaminis pofthac viâ Juris profequen-
da ; quo vero ad poffeffionem prætenfam utendi Baculo Paftorali, Mitra
& aliis Pontificalibus in Ecclefia aut Patronatu Ecclefiæ Audomarenfis
eis invitis aut licentia non petita & obtenta, eam omnino denegabant,
imo non credebant Sedem Apoftolicam cum eodem Prælato aut cum fuis
Predeceffioribus contra Juris difpofitionem, quod hujufmodi Pontificalibus extra Septa fui Monafterii & in locis fibi non fubditis uti poffit, dif-
penfaffe ; quod fi eifdem Dominis meis de Difpenfatione & indulto fuf-
cienti ac de poffeffione & ufu fubfecutis & continuatis conftare facerent legitime, eundem Abbatem libenter prout pretendebat admitterent, aliàs non. Nam in cafu fimili aut alio quocumque non folum eorum Præpofitum Epifcopum Atrebatenfem præfatum, fed ne alium
quempiam cujufcumque indulti prætextu in fuo Monafterio admitteret
& Pontificalibus uti permitteret, prout nec ipfe etiam in locis Ordinario
fubjectis admitteretur. Quibus fic prolatis prædictus Ballivus annuenti-
bus Religiofis prædictis replicando dixit, Rev. Dominum fuum Jurifdi-

ctionem aliquam in eofdem Dominos meos & Ecclefiam aut Patronatum eorum ex præfatorum Pontificalium ufu fibi vindicare velle aut hoc
fibi ex indulto & poffeffione fubfecuta deberi aut licitum effe prætendere, fed folâ fociali amicitiâ, cujus prætextu Abbatibus dicti Monafterii
pro tempore exiftentibus cafu fimili occurrente in Pontificalibus ad Ecclefiam fancti Audomari non ad Jurifdictionem exercendam accedere,
fed ad obfequium Deo & Sanctis fuis reverentiam exhibendam, gratiofe
hactenus permiffum & toleratum fuerat fine difficultate, fibique etiam
permitti debere; proinde rogans ne fecum durius aut exactius quam
cum fuis prædecefforibus agerent, fed pro mutua amicitia & focietate
confervanda eidem in cafu prædicto permitterent quod fuis prædecefforibus, ut premittitur, permiffum fuerat. Super quibus gratiofum réfpon-
fum dictorum Dominorum meorum nomine prædicti D. Abbatis petebant. Illis igitur iterum à Capitulo parumper recedere juffis, Domini
mei ut fupra matura deliberatione habita eifdemque in Capitulo revocatis, per organum prædicti Domini Natalis Decani abfolute refponderunt
ea quæ ipfe Ballivus replicando declaraverat prædictis Religiofis annuen-
tibus & ratum habentibus, videlicet quod Rev. D. Abbas prædictus
fuper indulto & poffeffione non infiftebat, fed folum fuper gratiofa &
fociali permiffione & tolerantia in quantum pro eis faciebant, accepta-
bant; verum licet precaria poffeffio non præfcribat, ne tamen ex hujufmodi prætenfa permiffione & tolerantia poffeffionem contra eofdem
Dominos meos prætendere poffit, eifdem non fore tutum aut confultum
hujufmodi Pontificalium delationem in eorum Ecclefia aut Patronatu
abfque licentia tolerare, quam fi petendam duxerit, etiamfi fibi non
liceat Pontificalibus uti extra fepta fui Monafterii aut Capellas fibi ple-
no jure fubditas, eam nihilominus fibi in quantum eos tangit generofe
concedent. Quibus auditis prædicti Deputati ftatim à Capitulo receffe-
runt, quæ à Dominis meis obtinuiffent Rev. D. eorum Abbati ac prælato fuo relaturi. *Tefte* DE ROSA Notario, *avec paraphe.*

X V.

B. Selon ce titre & les cinq fuivans, l'Abbé de faint Bertin n'avoit point paru en habits
pontificaux fur le patronat du Chapitre avant 1542 ; & en 1547 il n'avoit point encore produit fon Privilege, en étant interpellé.

*Ex Regiftro Capitulari Ecclefiæ Collegiatæ fancti Audomari nota-
to littera E. folio 2 verfo.*

Anno 1542.

MEnfis Octobris die nona Domini mei attendentes Reverendum
Patrem Dominum Enguelbertum des Efpagnes Abbatem Ecclefiæ
feu Monafterii fancti Bertini in Proceffionibus generalibus in quibus
portabantur Corpora Beatorum Audomari & Bertini contra jus & exem-
ptionem Dominorum meorum in fuo patronatu ufum fuiffe Pontificali-

bus, scilicet Mitra & Baculo Pastorali, & ita ad hanc Ecclesiam acces-
sisse, HACTENUS NUNQUAM VISUM, ordinarunt desuper haberi consilium utrum ex hujusmodi delatione Mitræ & Baculi Pastoralis sint
gravati aut in sua exemptione læsi, necne, postmodum prout juris & rationis fuerit in hujusmodi negotio processuri.

Protestation du Chapitre contre l'Abbé de saint Bertin
en 1547.

CE jourd'hui vingt-quatriéme jour de Juing mil sept cent quarante-
sept, Nous Notaires Imperiaux soussignés à la Requête de venerables & discretes personnes Messieurs les Doyen & Chapitre de l'Eglise
Collegiale de S. Omer en la ville de Saint-Omer, sommes transportés
aveuq Jehan le Febvre, Bailly desdits sieurs du Chapitre, & Philippe
le Petit leur Procureur general, à l'Abbaye de saint Bertin, duquel lieu
sortoient les Religieux pour venir aux Processions générales avoeuc lesdits sieurs Saint-Omer, portant par lesdits Religieux auxdits Processions
le Fierte de Monsieur saint Bertin, auxquelles Processions étoient aussi
présent & suevans ladite Fierte, l'Abbé de ladite Abbaye de saint Bertin revêtu & accoustré en état d'homme d'Eglise avec une Chappe de
de drap d'or figuré, faisant porter après lui par deux de ses Religieux sa
Croiche & Mitre Abbatiale auxdicts Processions, que suevy smes jusque
a l'environ de la maison de monsieur de Liques située en la rue saint Bertin ung petit plus haut que le Couvent des Cordeliers de cettedite Ville
que lesdits sieurs du Chapitre dient être de leur territoire & patronaige,
& voyant par ledit Philippe Le Petit que ledit sieur Abbé marchoit outre en état que dessus, se approcha de lui au milieu de ladite rue en la
présence de nous Notaires, auquel fut dit & remontré par ledit Philippe
qu'il ne lui étoit loisible de aller en telle état avoeuc sadite Croiche &
Mitre aux Processions ès mectes, & sur le patronage desdits sieurs de
Chapitre ses Messieurs, n'ont plus que avoient fait ses Prédecesseurs,
& après avoir ouï par lesd. sieur Abbé les remontrances à lui faites par
iceluy Philippe, lui feist réponse ledit sieur Abbé qu'il ne faisoit chose
que il ne peuist bien faire, & sur ce que iceluy Philippe lui dit que c'é-
toit cas de notoriété, & qu'il protestoit pour lesdits sieurs du Chapitre
ses Messieurs de soy pourvoir à l'encontre de luy de telles remedes qu'il
appartiendroit, iceluy sieur dit ces mots à ceux portant ladite Fierte,
passez, outre je fais ce que je dois, & à tant ledit sieur Abbé faisant porter
sa Croiche & Mitre après lui, comme dit est, par tout le patronage desdits Chapitre même en ladite Eglise & Chœur dudit Saint-Omer par-
feist en tel état le tour desdites Processions dont & desquelles choses
de la part dudit Phillppe Le Petit nous a été requis, ce que lui avons accordé, sçavoir les présentes Lettres pour lui servir & valoir ausd. du

Chapitre ſes Meſſieurs , où il appartiendra ce que de raiſon. Fait pardevant nous Batiſte Griſel & Mathieu Maton Notaires Imperiaux de la réſidence dudit Saint-Omer les jours & ans ſuſd. *Etoit ſigné* GRISEL & MATON *avec paraphe.*

Ex Actis Capitularibus Ecclefiæ Collegiatæ fancti Audomari Regiſtro E. folio 111. recto.

Anno 1547.

JUnii die tertia Domini mei deputarunt venerabilem virum magiſtrum Philippum Doſterel Canonicum ad eundum Atrebatum & Cameracum ad habendum ibidem conſilium ſuper collectione magne decime dicte ſancti Martini ac ſuper delatione Mitre & Baculi Paſtoralis quibus Abbas ſancti Bertini hujus oppidi pretendit ſe poſſe uti in Proceſſionibus generalibus in hac Eccleſia & patronatu ejuſdem.

Ex Actis Capitularibus Ecclefiæ Collegiatæ fancti Audomari Regiſtro E. folio 113 verſo.

Anno 1547, die decima octava Julii.

EAdem die Domini mei deputarunt venerabiles viros magiſtros Philippum Doſtrel & Martinum de Tilly Canonicos ad conveniendum R. P. Abbatem modernum Monaſterii ſancti Bertini hujus oppidi ſuper viſione & communicatione privilegii quoidem Dominus Abbas pretendit poſſe intereſſe in Proceſſionibus generalibus ac uti Mitra & Baculo Paſtorali etiam in Eccleſia hac ac patronatu ejuſdem.

Ex Actis Capitularibus Ecclefiæ Collegiatæ fancti Audomari Regiſtro E. folio 112 verſo.

Anno 1547 , menſis Julii die vigeſima.

EAdem die Domini mei ordinarunt ſolvi Baptiſte Griſel & Mattheo Maton Notariis imperialibus ex Burſa communi XXV. ſolidos P. pro Actu proteſtationis facte in perſona R. P. moderni Abbatis Monaſterii ſancti Bertini hujus oppidi qui preter & contra voluntatem Dominorum meorum non obſtante monitione & proteſtatione Dominorum uſus eſt in Pontificalibus Mitra & Baculo Paſtorali in Proceſſionibus generalibus tam in hac Eccleſia quam patronatu ejuſdem.

Ex Actis Capitularibus Ecclesiæ Collegiatæ sancti Audomari Registro E. folio 113 verso.

Anno 1547 mensis Julii vigesimâ nonâ.

EAdem die cum occasione Mitre & Baculi Pastoralis quibus R. in Christo P. Abbas Monasterii sancti Bertini hujus oppidi in Processionibus generalibus casu occurrente, etiam in hac Ecclesia ac Patronatu ejusdem in Pontificalibus se posse uti vigore privilegii à S. Sede Apostolica indulti, etiam nulla Dominorum habita licentia pretendit, Dominis meis à Diœcesano, Metropolitano, ac quibuscumque exemptis, sed sedi Apostolice immediate subjectis contrarium sustinentibus, lis seu que stionis materia ex Actis ea occasione factis oriri formidetur, ad mutuam pacem & concordiam hactenus observatam conservandam, litemque ac dubios eventus ejusdem evitandos, deputarunt venerabiles viros Dominos ac Magistros Philippum de Langaigne Decanum, Lambertum de Cavrel & Martinum de Tilly Canonicos ad instanter prefatum Dominum Abbatem modernum requirendum copiam hujusmodi privilegii, ut ex inspectione & cognitione ejusdem controversia hujusmodi sopiri possit & valeat.

XVI.

Bulla Leonis X data quinto Cal. Februarii anno 1519.

LEO Episcopus . . . . **XLIV.**
Cum sicut accepimus Abbas dicti Monasterii * pro tempore exi-   * S. Berti-
stens ex speciali dicte sedis indulto mitra & aliis pontificalibus in-   *tini.*
signiis uti ac vestimenta sacerdotalia ad divinum cultum Monasterii ipsius dicata benedicere consueverit, eidem Antonio Abbati & successoribus suis dicti Monasterii Abbatibus . . . . ut Monasterii hujusmodi que noviter reedificata existit ac aliàs eidem Monasterio subjectas & ab eo dependentes Ecclesias nec non Capellas grangias curtes illicque altaria constructa & construenda & alia vasa ad divinum cultum necessaria dicare benedicere . . . .
omniaque alia pontificalia officia in Monasteriis & Ecclesiis ac Capellis & locis predictis exercere . . . . libere & licite valeant, Diocesani loci & cujusvis alterius licentiâ super hoc minime requisita plenam & liberam autoritate & tenore predictis facultatem concedimus.

XVII.

Minuta litterarum non præjudicii sub forma quam Religiosi sancti Bertini à Dominis Canonicis sancti Audomari habere prætenderunt occasione Processionis pro liberatione Insulæ Melitæ anno 1565, Canonicis dare nolentibus propter claufulas infolitas & non veras.

LVII.

** M. d'Hamericourt employe d'abord sa qualité d'Evêque, & six lignes après celle d'Abbé, pour faire adopter au Chapitre les fables de son Abbaye.*

*** Ici commencent les fables.*

UNiverfis & fingulis præfentes Litteras infpecturis * Gerardus ab Americourt, permiffione divina Epifcopus, & Capitulum Ecclefiæ fancti Audomari in Civitate Audomarenfi falutem in Domino. Cum nuper ex Litteris Illuftriffime Domine Margarete Duciffe Parmenfis harum Inferiorum Regionum Gubernatricis nobis fuiffet injunctum Proceffiones generales facere cum venerabili Sacramento & Deo Opt. Max, gratias agere pro liberatione Infule Melite ab obfidione Turcarum, cumque venerabiles Viri Religiofi Abbas & Conventus Monafterii fancti Bertini ejufdem Civitatis immediate fancte Sedi Apoftolice fubjecti in ipfis Proceffionibus locum fuperiorem fupra nos Capitulum & Canonicos tenere infra limites noftri patronatus, fimul etiam Collectam in hac Ecclefia canere intenderent & adhuc intendunt ex more confueto & hactenus obfervato in memoriam ejus quod noftra Ecclefia ** per Sanctum Audomarum fundata in Sepulturam Religioforum præfati Monafterii regimini fancti Bertini & Succefforum ejus fuit per eum fubdita, in qua ex eo tempore aliquot Religiofi ex Monafterio præfato defumpti pro nutu Abbatis alternatim Divina obibant Officia precefque pro defunctis fundebant, donec Fridogifus (nefcitur quo Jure) eorum loco triginta Canonicos inftituit, eidem Ecclefie applicata certa parte bonorum præfati Monafterii ut adhuc hodie cernitur, nec tamen per hoc in totum à præfato regimine fuit liberata, nam poftmodum ope divi Folquini Morinorum Prefulis factum eft ut unus Religiofus ejus monafterii illi præficeretur quem Edituum vocabant qui Divinum celebraret Officium & oblationes ibidem factas reciperet, uti omnibus notum eft, nec etiam diffitemur, in quorum omnium memoriam predictas prerogativas etiamnum hodie retinet : Nos vero contrà ratione erectionis hujus Ecclefie nuper facte ex Collegiata in Cathedralem prætenderemus deberi noftro capitulo feu nobis latus dextrum, renitentibus prefatis Religiofis & renuentibus relinquere confueta & afferentibus non debere immutari que fancta Antiquitas in memoriam originis utriufque Ecclefie judicavit obfervanda, que plebi funt, veluti Peritis libri hiftoriarum, ceu Teftes rei gefte, nec eum morem novum & inauditum effe, cum in compluribus Ecclefiis imo & in celeberrima Civitate Parifienfi illud ipfum obtineat ut Religiofi fancte Genovefe in Proceffione generali fupremum teneant locum etiam supra Cathedrales Canonicos, tandem intercessione proborum Virorum & ad vitandum scandalum communi consensu constitutum est ut Processiones die date presentium more consueto fierent datis & acceptis utrimque Litteris non prejudicii. Hinc est quod nos Episcopus & Capitulum prefati volentes uti bona fide erga dictos Religiosos presentes Litteras non prejudicii concessimus & harum serie concedimus nolentes nec intendentes per Litteras non prejudicii nobis per eos datas nec pariter per aliquos Actus factos in iis Processionibus, quomodocumque aut à quocumque facti sunt, aliquod prejudicium ipsis aut eorum Ecclesie Juribus & Preeminentiis generatum esse vel in futurum generari posse in possessorio aut petitorio seu quolibet modo nec nobis vel Successoribus nostris acquisitum esse vel fore. In quorum omnium &c.

Ex Actis capitularibus Ecclesiæ Cathedralis sancti Audomari, die quinta Decembris 1565.

COmparuerunt in Capitulo honorabiles viri Religiosi Monasterii sancti Bertini. . . . . . . praesentarunt Dominis meis certam minutam Litterarum non præjudicii sub forma quam dicti Religiosi à Dominis meis habere prætendunt, qua visa & lecta Domini mei deliberatione præmissa responderunt eisdem deputatis *se nolle concedere tales Litteras sub hujusmodi forma, attentis clausulis insolitis & non veris in eadem minuta contentis.*

LVI.
* Le Cha-
pitre apperçoit
le piege, &
rejette ces fa-
bles.

XVIII.

Ex Chronico sancti Bertini auctore Joanne de Ypra, pag. 81 in vita Roderici Abbatis 36.

NAm à longa consuetudine sua Monachi non facile poterant avelli: unde fit ut qui pii Patris monita contemnebant, sunt ad viam veritatis redire coacti Deo vindice. Ignis namque de quadam domuncula surgens & plusquam duo millia domatum transgressus, ventorum imo peccatorum flabro in hoc Monasterium impulsus, primo ad claustrum, inde ad dormitorium, totum denique Monasterium unica die vorax flamma consumpsit, nil omnino relinquens inustum, & hæc est quarta hujus loci destructio, que accidit an. 10. hujus Roderici Abbatis.

D.

XIX.

Ex eodem chronico, pag. 110.

PAter Lambertus duabus primoribus hujus Diœcesis Ecclesiis scilicet Morinensi & Sithiensi qualitercumque reformatis, totum se Cluniacensibus indulgens ad vicinas Ecclesias reformandas mentem intendit.

D.

X X.

Ex eodem Chronico, in præfatione.

D.   **L** Etabunda nihilominus & laudans exulta FILIA SYON ſpeculæ
ſancte contemplationis SITHIU *plebs humilis Monaſtica* fidelis tam
S. Patris noſtri BERTINI myraculoſa fundata ſolertia, regularibus quoque Monitis inſtituta, quem proſequitur, exercitus Monachorum ut
eo duce perveniat ad regna Cœlorum, quos in hoc ſacratiſſimum beato
Petro dicatum ovile Congregavit, tot tales atque tantos ut de 22 ſan-
ctis hujus Eccleſie Monachis jam ſolemnizet Eccleſia Dei, ſic de ſan-
ctorum Reliquiis & Poſſeſſionibus inſtauravit, ut regularibus equipara-
ta Monaſteriis, creſceret in montem magnum, de quo ſunt 14 honeſta
Monaſteria derivata, PATRIE QUOQUE SEDEM PRIMAM obtinens
poſt Cathedralem.

X X I.

*Cartula Helecini Præpoſiti Ecclefiæ Audomarenſis, data anno
1016, ex veteri manuſcripto ejuſdem Eccleſiæ.*

XXI.   Kartulis ergo facta Priorum impreſſa litteris . . . . ;
dicat omnis populus amen.

     Signum Balduini magni & invictiſſimi Principis S. BALDUINI Epiſcopi,
** Henfri-* S. Prepoſiti HELECINI, S. HENFRIDI Abbatis. *
de étoit Ab-
bé de ſaint
Bertin.

X X I I.

*Bulla Gegorii Papæ, data 8 idus Decembris
anno 1075.*

XIII.   **L** Icet hanc ſanctam ſedem. . . . . *Eccleſiam itaque*
beati Audomari *anteceſſorum noſtrorum Privilegiis munitam & ſumme
corroboratam* authoritatis etiam noſtre preſentiâ & Apoſtolice dignitatis cenſurâ corroboramus & corroborando ſtatuimus ut ejuſdem *Eccleſie
fratres & Canonici* poſſeſſionum ſuarum liberam dominationem optineant.
. . . . Statuimus præterea preſentibus Epiſcopis Gaul-
frido Pariſienſi, Rabodone Noviomenſi, Gerardo Cameracenſi, *Arnulpho
quoque ejuſdem Eccleſie prepoſito & Johanne Abbate ſancti Bertini* ut nullus Cle-
ricorum aut laicorum, magna ſeu parva perſona Eccleſie memorate
Canonicis moleſtiam aliquam inferre audeat, aut in eorum Monaſteriis
novam conſuetudinem contra voluntatem eorum inducat.

XXIII.

XXIII.

Extrait d'un Vidimus d'une Chartre de l'an 1106.

LEs Gouverneur, Président & Gens du Conseil d'Artois, &c. . . .   XX.
Cum apud Castellum sancti Audomari morbus Lepræ . . . .
accresceret . . . . . . cumque esset locus in contermino *Ecclesiæ Sanctæ
Dei Genitricis Mariæ* ac *Beati Audomari* , itemque *sancti Petri* ac *sancti
Bertini* nec posset quisquam mortalium . . . . . Decimas Loci illius
sibi usurpare contradicentibus *Præposito* atque *Abbate* supradictarum Ecclesiarum . . . . tradiderunt eas pauperibus . . . . Dominus videlicet *Arnulphus Prepositus Ecclesiæ sanctæ Mariæ & sancti Audomari* , & *Dominus Abbas Lambertus* Ecclesiæ sancti Petri & sancti Bertini anno . . . .
1106 . . . . En témoin de ce avons fait mettre le Seel . . . .
à Saint-Omer le 23 Juillet 1644.

XXIV.

*Bulla Adriani Papæ IV , data tertio Kalendas Augusti anno
1159.*

ADRIANUS servus servorum Dei dilectis filiis Joanni Decano &   XIII.
universis Canonicis Ecclesiæ Beati Audomari . . . . . Prefatam sancti Audomari Ecclesiam in qua Divino mancipati estis obsequio;
ubi videlicet venerandum Corpus ejus requiescere creditur , *Sub beati
Petri & nostrâ protectione suscipimus , & presentis scripti Privilegio communimus*
. . . . Adjungimus etiam . . . . . ut nullus Sacer-
dotum in Villa beati Audomari Missam in Purificatione sanctæ Marie
celebrare presumat donec in *Majori Ecclesia* Missarum sint solemnia
celebrata. . . . De redditibus vero & prebendis ad pauperum hospitale per-   *Lettre* I.
tinentibus, statuimus ut decedentibus his qui ad præsens eas percipiunt,
nec Clericis , nec Laïcis concedantur ; sed cum vacaverint , soli mense
pauperum de cetero debeant deservire.

XXV.

*Bulla Urbani IV data nonis Novembris Pontificatus anno
tertio.*

URbanus Episcopus servus servorum Dei dilectis Filiis , Preposito   XII.
& Capitulo Ecclesie sancti Audomari Morinensis Diocesis . . . . . .
. . . . . . Nos itaque attendentes , quod predicta Ecclesia vestra quam-
quam non sit Cathedrali titulo insignita , tamen propter suistatus emi-
nentiam valde honorabilis redditur. . . . . indulgemus.

XXVI.

*Extractum ex quodam Libro quiescente in Archivo D D. Cano-
nicorum ex quondam-Morino Ipras translatorum folio 49 , &
ex libro Statutorum Ecclesiæ Morinensis , folio 7 verso.*

XX.   SEquuntur Prelati, Collegia, Conventus ac Persone facientes & repre-
sentantes Clerum civitatis & Diecesis Morinensis , prout convocati
fuerunt , anno 1435 , mittenda ad Concilium Basiliense , & anno 1453,
pro sermone Publico facto contra. . . . .
      Episcopus Morinensis,
      Capitulum Morinense ,
      Prepositus sancti Audomari ,
      Capitulum ejusdem loci. . . . .
. . . .
      Abbas sancti Bertini ,
      Abbas. . . . . *Concordat cum dicto Libro me Secretario teste*
M. VANHOUCKE.

XXVII.

Bulla Pauli II. data decimo Calendas Martii , anno 1465.

XIII.   PAulus. . . . . . . dilectis filiis Præposito ; Decano & Capitulo Ecclesiæ sancti Audomari. . . . . . Romanæ Ecclesiæ immediatè subje-
ctæ. . . . . . *inter alias ejusdem Oppidi Ecclesias* principalis existit & . . . . *ad
Romanam Ecclesiam nullo medio pertinere dignoscitur,* & propterea *à lege Die-
cesani prorsus exempta est.*

XXVIII.

Exrait d'un Cayer intitulé : Ordonnances & Regles , touchant
les Deputés des trois États de la Ville de Saint-Omer.

XXII.   PRimes lesdits Deputez qui sont en nombre de vingt-quatre est à
scavoir huit pour l'Etat de l'Eglise. . . . .
   Item esdittes Assemblées presideront pour Chef Monsieur de Beures,
Monsieur le Prevost , Monsieur de saint Bertin , M. le Mayeur , & chacun d'eux en ordre pour l'absence l'un de l'autre , lesquels. . . . . . .
   Item & si ont esté nommez Deputez pour l'Estat de l'Eglise à scavoir
pour l'Eglise de saint Omer M. le Prevost , Maistre Jehan de Hemond
Chantre , Maistre Josse Dausques & Sire Simon de Villers Chanoines
d'icelle Eglise , & pour l'Eglise de saint Bertin Monsieur dudit lieu ,
M. le Prieur , Sire Jacques Paul , M. Loys le Mirre , & le Prevost d'Arc-
ques. . . . . conclu par mesdits Seigneurs des Estats en leur
assemblée tenuë en Halle & signées & approuvées par moy Jehan le Caron
en leur presence & de leur Ordonnance le vingt cinquiesme jour d'Aoust ,
l'an 1483.   JEHAN LE CARON *avec paraphe.*

XXIX.

Lettre de Marguerite Archiduchesse d'Autriche, Gouvernante des Pays-Bas.

Arguerite. . . . . . venerables tres-chiers & bien amez, Nous **XXIII.** avons. . . . . reçu ung Brief de N. S. P. le Pape moderne avec Lettres de Mrs les Cardinaux par lesquelles. . . . . . ils nous signifient l'election. . . . . . de Notre Saint Pere à la dignité Papale. . . . . Nous ecrivons vers vous, & vous requerons bien à certes que incontinent & sans delay vous faites faire Processions, Prieres, & Orai- sons rendant grace & louange à Dieu de ce que. . . . à ladite dignité papale a eté & est pourvû de personnage si vertueulx & notable Pas- teur. . . . . . A Lille le 23 Sep. 1513.

A Venerables Nos tres-chiers & bien amez les Prevost, Doyen & Chapitre de saint Omer en la Ville de Saint-Omer.

X X X.

Extractum ex Actis Capitularibus Ecclesiæ Collegiatæ sancti Audomari, Registro D. folio 91. verso mensis Augusti die xxvj 1532.

. . . . **XXV.** Eadem die attenta longa & inveterata consuetudine de portando Sa- cramento Eucharistie per ipsos Dominos meos tempore Processionum ge- neralium, quodque ista Ecclesia est principalis & caput omnium Eccle- siarum oppidi iidem Domini mei concluserunt non permittere DD. de sancto Bertino tempore Processionum hujusmodi illud portare.

X X X I.

Extractum ex Actis Capitularibus Ecclesiæ Collegiatæ sancti Audomari Registro D. folio 136. verso

Adem die quinta Junii (1535) super petitione. . . . ex parte Reve- *Littera* **C.** rendi Patris & Domini sancti Bertini facta de processione facienda pro prospero successu Cæsareæ Majestatis contra Turcas portandi singu- lis diebus Dominicis in processione generali Venerabile Sacramentum, pe- tendo ut alternatis vicibus fieret hujusmodi processio singulis septimanis & quod dictus Reverendus Dominus Abbas & totus Conventus essent contenti quod prima processio fieret per Dominos meos, & secunda per ipsos & sic consequenter, Domini mei deliberantes ordinarunt ut die Dominicâ proximâ fieret processio generalis in hac Ecclesia portando Ve- nerabile Sacramentum sicut in die Sacramenti, & sic ipsi Religiosi in eo- rum Ecclesia similem processionem facere, si vellent, possent; preterea ad contemplationem dictorum Abbatis & Conventus, & pro pace & unione nutrienda , Domini mei essent contenti die Dominica exinde sequenti facere unam processionem generalem portando sanctam Crucem , & quod statio fieret in hac Ecclesia, non obstante quod Litteræ Cæsaræ Majestatis continerent quod in processione portaretur Venerablile Sacramentum.

XXXII.

Bulla Gregorii Papæ VII, data 8 Calendas Aprilis anno 1075.

XIII. GRegorius ... dilecto ...Filio Roberto Flandrensium Comiti ... Ecclesiæ quam Beatus Audomarus tertius Morinorum Episcopus fundavit in honore Beatæ Dei Genitricis Mariæ , & quæ usque in hodiernum diem ejusdem Episcopi venerabilis habetur corpore hujusmodi privilegia ... autoritatis nostræ decreto , ... concedimus , atque firmamus renovamusque etiam illa quæ Beatus Nicolaus à Beato Gregorio quadragesimus secundus eidem Ecclesiæ fecit privilegia præsente Balduino quondam tuo progenitore qui ad Apostolorum limina ad eundem Papam veniens promeruit pacificari eorum autoritate cum socero suo Carolo Imperatore cujus filiam sibi copulaverat eo ignorànte, statuentes nullum Regum , Antistitum , nullum quacumque præditum dignitate vel quemquam alium de his quæ eidem Ecclesiæ à beato Audomaro , Adroaldo & cæteris donata sunt minuere vel auferre ; sed cuncta quæ ibi oblata sunt perenni tempore illibata & sine inquietudine aliqua volumus possideri , eorum ... usibus pro quorum sustentatione gubernationeque concessa sunt modis omnibus profutura. Item constituimus ut obeunte Præposito vel Decano ejusdem Ecclesiæ non alius ibi substituatur quacumque obreptionis astutia nisi quem consensus Canonicorum canonicè & secundum Dei timorem providerit ordinandum vel elegerit constituendum , &c.

XXXIII.

Bulla Calixti II Otgero Præposito sancti Audomari , data Nonis Octobris anno 1123, innovata per Bullam Gregorii IX.

XIII. CAlixtus Episcopus .... .omnia integra conserventur , eorum pro quorum sustentatione & gubernatione concessa sunt , usibus omnim. dis profutura ... sane Beati Audomari Canonici, Vicarii, Scholares, Clerici, ceterique chorum frequentantes , ad nullius nisi ad tuam justitiam respondebunt.

XXXIV.

Bulla Innocentii II , data quarto Calendas Martii, anno 1139.

XIII. INnocentius .... dilectis filiis in Christo Præposito & Canonicis sancti Audomari .... Nos convenit Ecclesiis in quibus Domino militare noscuntur suam justitiam conservare ... Ecclesiam Beati Audomari in qua divino vacatis servicio Apostolice Sedis privilegio communimus statuentes....

Bonas quoque ac rationabiles confuetudines que ufque ad hec tempora in veftra Ecclefia viguerunt vobis præfentis fcripti pagina confirmamus , & novas atque indebitas vobis invitis imponi ab aliquo prohibemus. Miniftros fane vel Officiales ejufdem Ecclefie Decanus , ficut moris eft, communicato confilio fratrum ftatuet , qui nimirum juxta diutinam Ecclefie veftre confuetudinem , fi quando excefferint , ab his quorum intereft more folito corrigantur. Obeunte verò te nunc ejufdem loci Prepofito vel tuorum quolibet fuccefforum , nullus ibi qualibet furreptionis aftucia feu violentia preponatur , nifi quem fratres communi affenfu , vel fratrum pars confilii fanioris , fecundum Dei timorem & Ecclefiafticam honeftatem providerint eligendum .... omnia integra conferventur eorum pro quorum gubernatione & fuftentatione conceffa funt ufibus omnimodis profutura.

XXXV.

Bulla Alexandri III , data 16 Cal. Maii 1178.

ALexander... dilectis filiis Willelmo Decano fancti Audomari ejufque fratribus .... felicis recordationis Innocentii & Adriani Romanorum Pontificum veftigiis inhcrentes , prefcriptam Ecclefiam fancti Audomari , in qua divino mancipati eftis obfequio , ubi videlicet venerandum corpus ejus requiefcere creditur *fub Beati Petri & noftra protectione fufcipimus & præfentis fcripti privilegio communimus* .... De redditibus fane & prebendulis ad Hofpitale pauperum fpectantibus decernimus ut his qui eas ad prefens percipiunt , decedentibus nec clericis nec laïcis à Prepofito, Decano vel Capitulo vel quoquam alio concedantur , fed foli menfe pauperum in Hofpitali cum vacaverint deputentur eidem ufui perpetuo ferviture..... Obeunte verò Prepofito vel Decano Ecclefie veftre nullus ibi qualibet fubreptionis aftutia feu violentia preponatur , nifi quem fratres communi confenfu , vel fratrum pars confilii fanioris fecundum Dei timorem providerint eligendum .... Bonas verò confuetudines & rationabiles hactenus in veftra Ecclefia confervatas, pagina prefenti firmamus , & novas atque indebitas imponi ab aliquo vobis contradicentibus prohibemus; Subprepofitum fane , Magiftrum fcholarum , Piftorem , Cellerarium & Cocum , Miniftros vel Officiales ejufdem Ecclefiæ Decanus , ficut moris eft, communicato confilio Canonicorum in eadem villa manentium & cum eorum affenfu ftatuat, qui non fint quafi poffeffores , fed annuatim permutabiles, ut Canonicis vifum fuerit expedire : Cuftos verò, qui Minifter dicitur, in poteftate Prepofiti , Decani & Capituli femper propter ornamenta Ecclefie que in ejus poteftate funt , maneat ordinandus. Si autem in aliquo predicti Miniftri excefferint , à Decano & Capitulo , ficut eft confuetudinis Ecclefie , corrigantur .... Statuimus infuper ut ficut à bone memorie primo Milone Teruanenfi Epifcopo ftatutum eft , Morinenfis Epifcopus in Audomarenfi Ecclefia & Prepofitus Audomarenfis in Morinenfi fiat obtentu prebende Canonicus ; ita videlicet ut in perpetuum per deceſſus ſingulos perſonarum novus ſucceſſor ſive Prepoſitus ab Epiſcopo, ſive Epiſcopus à Prepoſito ſine dilatione, ſalvo tamen jure anniverſarii, de Prebenda inveſtiatur defuncti, nec propter hoc ad Capituli veſtri conſilium admittatur Epiſcopus.

XXXVI.

Bulla Honorii III, data 3 Cal. Junii, Pontificatus anno tertio.

XIII. HOnoriûs dilectis filiis . . . . Decano & Capitulo Sancti Audomari.... *Preterea privilegia à felicis memorie Innocentio secundo & Adriano Romanis Pontificibus predecessoribus nostris & predicto Alexandro* vobis conceſſa, firma, & illibata conſiſtere decernentes, diſtinctius inhibemus ne quis ſuper villis de Eſka.... Odenkierke & Anvringehem cum omnibus pertinentiis earundem ad jus & proprietatem veſtram ſpectantibus, prout inſtrumenta exinde confecta manifeſte teſtantur, de cetero temere vos audeat moleſtare... ne quis in burgo Sancti Audomari particulares ſcholas regere audeat, niſi de Magiſtri ſcholarum ejuſdem Eccleſiæ licentia ſpeciali. Ordinationem quoque ſuper quibuſdam officiis Subprepoſiti videlicet, Magiſtri ſcholalarum, Coci, Cellerarii & Piſtoris inter vos & Prepoſitum veſtrum habitam, prout ad utilitatem ipſius Eccleſie provide facta eſt, & in autenticis ſcriptis exinde confectis plenius continetur, auctoritate apoſtolicâ confirmamus, & preſentis ſcripti patrocinio communimus; ad majorem autem evidentiam tenorem inſtrumentorum ipſorum de verbo ad verbum huic noſtre pagine duximus inferendum........ Gualterus Dei gratia Eccleſie Sancti Audomari Prepoſitus, omnibus preſentem paginam inſpecturis, in Domino ſalutem. Univerſitati veſtre notum facio quod ordinationem inter me ex una parte, Decanum & Capitulum Sancti Audomari ex alia communicato conſenſu, fide utrimque interpoſita, de quinque officiis factam; videlicet Subprepoſitura, Magiſterio ſcholarum, Piſtoria, Celleraria & Chochia, ſuper qua ordinatione Juriſperitos Pariſiûs reſidentes duximus conſulendos, ſicut ipſi eam approbaverunt, ita & nos eandem ratam habemus & gratam. Eſt autem forma ordinationis illius talis, quod Piſtoria, Celleraria & Chochia ad communes uſus Eccleſie noſtre cedant ad ſervitium ejus augmentandum, ſecundum quod decedent illi qui ſunt in prædictis officiis conſtituti, cum nullum jam exerceant officium, nec in aliquo Eccleſie noſtre deſerviant, cum ad hoc tamen olim fuerint inſtituti ut in ſuis officiis deſervirent: quod eſt jam in prædicta Eccleſia propter ipſius utilitatem penitus diſſuetum.

XXXVII.

Ex Statutis Ecclesie sancti Audomari ab Eugenio IV confirmatis, folio 6 verso.

XIV. ITem prout in privilegiis dicte Eccleſie vidimus contineri, & hactenus fuit obſervatum, ſtatuimus ne quis in villa, burgo ſeu ſuburbiis & & banleuca ſancti Audomari particulares ſcholas regere ac tenere audeat, nisi de Magistri & Rectoris scholarum ejusdem Ecclesie licentia speciali.

Eodem folio verso, linea 10.

Item statuimus & ordinamus quod regimen scholarum grammaticalium quolibet anno in vigilia aut infra octavas beati Johannis Baptiste conferatur Magistro in artibus per Prepositum dicte Ecclesie aut ejus Vicarium in Capitulo de consensu Capituli.

XXXVIII.

Littera Henrici Remensis Episcopi.

HEnricus Dei gratia Archiepiscopus Remensis . . . . . Episcopo Morinensi salutem . . . . . Cum igitur Prepositus & Capitulum Ecclesie Sancti Audomari non fuerint requisiti, Sententia interdicti vel excommunicationis lata à nobis . . . . . . eos non intelleximus . . . . . innodari . . . . unde . . . . . Prepositum Ecclesiæ Sancti Audomari rogetis moneatis . . . . ut ipse Ecclesiam suam supponat . . . . . interdicto ; cum idem Prepositus debeat hoc facere, quia sicut in eorum privilegiis intelleximus contineri, eidem Ecclesia ipsa est immediate subjecta. Datum anno Domini 1205. *Cum appensione Sigilli ejusdem* HENRICI.   XV.

XXXIX.

Littera Petri Morinensis Episcopi.

PEtrus Dei gratia Morinensis Episcopus . . . . . Noverit universitas vestra quod cum controversia verteretur inter nos & . . . . Prepositum Decanum & Capitulum Ecclesie Sancti Audomari . . . . tandem mediantibus Archiepiscopo Rothomagensi &c. . . . . convenimus . . . . . . Curati . . . . . ad Synodos nostras venient . . . . . pecuniam quam solent solvere . . . . Curati venientes ad Synodum, non solvent. . . . . . ex hoc autem quod ipsi ad Synodum veniant, nullum volumus . . . . prejudicium generare . . . . Actum anno Domini 1241, mense Maio, Feria tertia post Trinitatem.   XV.

Appensum est Sigillum Episcopi præfati.

XL.

Litteræ Petri Remensis Archiepiscopi, anno 1194.

UNiversis presentes Litteras &c. . . . . . . Cum lis . . . verteretur . . . inter . . . . nos . . . . ex una & . . . . Decanum & Capitulum Ecclesie Sancti Audomari ex altera . . . . super eo quod asserebamus nos velle predictam Ecclesiam de Sancto Audomaro . . . . visitare . . . . Decano & Capitulo dicentibus in contrarium . . . non teneri pro eo quod, . . Calixtus Papa secundus. . . dedit Preposito omnem Jurisdictionem & Justitiam in Canonicos, Capellanos, &c. . . . promittimus quod nos & Successores   XV.

noſtri in poſterum dictam Ecclefiam Sancti Audomari permittemus uti
libere vifitatione, Jurifdictione, correctione & procuratione fupra dictis.
Datum anno Domini 1294, menfe Februario.

XLI.

*Litteræ Roberti Archiepifcopi Remenſis, anno 1300; ex tranſſum-
pto authentico confecto de mandato Gerardi
Epifcopi Atrebatenſis.*

XV. UNiverſis.... Gerardus..... Epifcopus Atrebatenſis, Salutem in
Domino, noveritis nos Litteras.... D. Roberti Remenſis Archiepifcopi non abolitas, non rafas ... vidiſſe, tenuiſſe & diligenter inſ-
pexiſſe, formam que fequitur continentes: Sanctiſſimo in Chriſto Patri &
D. D. B. fancte Romane Ecclefie Pontifici Robertus Archiepifcopus
Remenſis. Viſitanti mihi Remenſem Provinciam oſtenſe fuerunt ... ex
parte ... Decani & Capituli Ecclefie de Sancto Audomaro .., Concordie
inite inter .... Predeceſſorem meum cum approbatione & aſſenſu Capituli Remenſis ex parte una & .... Decanum & Capitulum de confenſu
Domini de Columna Prepofiti eorum ex altera *fuper Jure vifitationis.......*
Ego verò vifis & diligenter inſpectis predictis Litteris.... *predictam Com-
pofitionem & Concordiam & omnia & ſingula in ea contenta ... laudavi, accepta-
vi, approbavi, ratificavi, rata & grata habui & eis confenſum meum adhibui* per
Litteras Patentes continentes hec & alia, meo Sigillo munitas. Datum
anno Domini 1300. Sabbatho ante Circumcifionem.

XLII.

Bulla Pauli III.

Vide fupra Nᵒ. XXVII.

XLIII.

*Litteræ Vicariorum Philippi Cardinalis de Luxemburgo,
Morinenſis Epifcopi.*

XV. VIcarii Generales..... D. D. Philippi... fancte Romane Ecclefie
Presbiteri Cardinalis de Luxemburgo Morinenſis & Cenomanenſis
Ecclefiarum Epifcopi ... falutem in Domino. Supplicatum... pro parte
nobilis & generoſi viri D. D. Francifci de Melun electi in Prepofitum
Ecclefie Collegiate Sancti Audomari...quatenus... electionem .... de
perfona prelibati Domini Francifci confirmare, laudare & approbare dignaremur, *cum certis ex cauſis ad fanctam Sedem Apoſtolicam cui immediate fub-
jiciuntur, recurſum habere commode non valeant....* Nos igitur Vicarii ante
dicti fupplicationibus.... hujus modi tanquam juſtis... nos paratiſſimos
offerimus, & hoc abſque omni præjudicio prefati Reverendiſſimi Domini
noſtri

noftri . . . *nec non immunitatis , libertatis , exemtionis ac privilegiorum prefatorum Dominorum singulorumque Suppositorum Ecclesie Sancti Audomari &c.* . . . . Datum Morini anno 1499. menfis
Februarii decima quinta. *De mandato DD. Vicariorum* DELOBEL, *cum sigillo in cera rubea.*

X L I V.

Littera Vicariorum Generalium Domini Philippi , Cardinalis de Luxemburgo , Morinensis Episcopi.

Vicarii Generales . . . . Reverendiffimi in Chrifto Patris DD. Philippi Tufculanenfis & Morinenfis Ecclefiarum Epifcopi , Cardinalis de Luxemburgo . . . . Morinenfi Civitate ab Anglis in prefenti anno 1513 obfeffa , cum faluti fubditorum non poffemus inter arma providere noftra authoritate , Sedem apud Sanctum Audomarum duximus transferendam. . . . . . Quapropter *Venerabiles viri Decanus & Capitulum Ecclesie sancti Audomari Romane Ecclesie nullo modo pertinentis* . . . . Decanatu vacante, confiderantes obfeffionem predictam . . . volentes nobis fubvenire . . . . domum Decanalem . . . . . ad prefens vacuam . . . . nobis tradiderunt habitandam . . . . . *nullum tamen propter hoc intendentes nec volentes Jurisdictioni & Exemptioni . . . . . DD. Prepositi necnon Decani futuri & Capituli dicte Ecclesie in aliquo prejudicium moliri aut facere* . . . . Datum in Sancto Audomaro anno predicto die verò feptima Julii. . . . . .

De mandato Vicariorum cum appensione Sigilli.

X L V.

Littera Francisci de Melun , Episcopi Morinensis 1516.

Francifcus de Melun . . . . Epifcopus Morinenfis nec non *Prepositus Ecclesie Collegiate sancti Audomari* . . . noftre Diecefis *ad Romanam Ecclesiam nullo medio pertinentis* . . . Salutem in Domino , cum nuper de Ecclefia Atrebatenfi ad Ecclefiam Morinenfem . . . . cum retentione tamen noftre Prepofiture . . . tranflati fuerimus & fimus &. . . . intendamus in eadem Prepofitura . . . . refidere . . . . ac Miffas & alia divina Officia celebrare, populo noftro benedictiones Epifcopales . . . dare & concedere , ex quo à nonnullis revocatur in dubium an nobis id facere liceat *pro eo potiffimum quod dicta Ecclesia nostra sancti Audomari & persone ejusdem tam ex fundatione quam alias ab Jurisdictione ordinaria inviolabiliter etiam à tanto tempore quod de contrario nulla hominum memoria exiftit , exempta eft ;* quocirca ad tollendum omne dubium . . . per prefentes dicimus & *declaramus quod dictas Missas & alia Officia etiam Pontificalibus indumentis redimiti ac etiam benedictiones Episcopales non de authoritate nostra Episcopali ordinaria , sed de consensu & permissione DD. Decani & Capituli dicte Ecclesie nostre & sine eorum prejudicio . . . . dare & facere non intendimus* . . . . Datum in Domo noftra Prepofiturali fancti Audomari . . . . . . anno 1516, menfis Januari die quinta. *Signatum* VANDERPEENE.

E

X L V I.

Lettres de Didier Evêque de Terouane & du Prevôt de faint Omer de l'an 1170.

XXXVIII. QUia inter alios defectus & incommoda vite etiam lapfu memorie perfepe fallitur humana fragilitas, magnofque ftrepitus crebramque litigandi neceffitatem ingerit rerum oblivio, ad hoc precavendum mandari litteris id decrevimus ac figillis communiri quod inter Nos, id eft inter Ecclefiam Morinenfem & Ecclefiam fancti Audomari, à Predeceſſoribus noftris inftitutum agnovimus, & à nobis approbatum effe definitumque perhibemus; in diebus fiquidem beate recordationis primi Milonis venerabilis Morinorum Epifcopi fimilique tempore Gerardi Audomarenfis Prepofiti ad creandam inter Ecclefias potiorem dilectionis neceffitatem mediantibus ac diu tractantibus bone voluntatis ac fapientibus viris auctore Deo conftitutum eft, quatenus & Teruanenfis Epifcopus in Audomarenfi, & Audomarenfis Prepofitus in Teruanenfi Ecclefia fieret obtentu Prebende Canonicus, ita videlicet ut in perpetuum per fingulos deceffus perfonarum novus femper fucceffor five Prepofitus ab Epifcopo vel Epifcopus à Prepofito fine mora five difficultate fieret inveftitus prebenda deceſſoris. Cum igitur ad vinculum mutue pacis & caritatis firmius inter nos aftringendum id actum effe profpicimus, ideo Nos ego videlicet Defiderius Epifcopus, ego quoque Norbertus beati Audomari Prepofitus, utriufque Capituli benevolum habentes affenfum, rem bene inchoatam toto poffe noftro confirmamus & mutuis roboramus privilegiis; appofito excommunicationis edicto ne quis id quod à fublimibus viris inchoatum eft, & à nobis perfectum præfumat aliquando caffare vel mutare; & quoniam in Ecclefiis noftris pacem & quietem fratrum non tantum diligere, fed etiam confervare nos oportet, & omnem de acceffu Prelatorum oppreffionis auferre fufpicionem, fcriptum reliquimus ac prefixum, ne vel Epifcopus vel Prepofitus in Capitulum, cujus vel hic vel ille predicto modo Canonicus fuerit, admittendum fe eftimet, nifi fponte fua fratres eum vocaverint, vel nifi, &c.

X L V I I.

Ex Statutis Ecclefiæ fancti Audomari ab Eugenio IV confirmatis, folio 5.

XIV. ITem circa receptionem Domini Epifcopi Morinenfis ad poffeffionem fue prebende in fuo primo & jocundo Adventu fecundum antiquam obfervantiam duximus declarandum & ftatuendum quod cum olim inter Epifcopos & Ecclefiam Morinenfem parte ex una & Prepofitos & Ecclefiam fancti Audomari parte ex altera ad vinculum mutue pacis & Caritatis inter ipfos aftringendum mediantibus & tractantibus fapientibus viris Ecclefiarum predictarum adjutore Deo conftitutum & poft modum

laudabiliter approbatum & confirmatum fuiffe & effe noverimus Pre-
decefforum eorumdem & Capitulorum Ecclefiarum ipfarum teftimonio
litterarum, quatenus & Morinenfis Epifcopus in fancti Audomari & Audomarenfis Prepofitus in Morinenfi Ecclefiis fieret obtentu prebende Canonicus, ita videlicet ut in perpetuum per fingulos deceffus perfonarum
novus femper fucceffor five Prepofitus ab Epifcopo vel Epifcopus à Prepofito fine mora & difficultate prebenda predecefforis fieret inveftitus.
Unde accedere volente Domino Morinenfi Epifcopo ad Ecclefiam fancti
Audomari caufa adipifcendi fue prebende corporalem poffeffionem &
faciendi fuum primum ingreffum ipfe in habitu Canonicali videlicet
cum fuperpellicio & Almuchia vel Cappa Nigra fecundum temporis
exigentiam habet fe reprefentare ante portale ipfius Ecclefie, & ibidem
exiftentibus Prepofito vel ejus Vicario, Decano, Canonicis & Clericis ut
confuetum eft, oratione per ipfum Dominum Epifcopum facta ante majus altare, cum dictis, Prepofito & Decano & Canonicis intrabit Capitulum facturus juramentum in modum qui fequitur. Ego N. Epifcopus
Morinenfis, Canonicus hujus Ecclefie fancti Audomari juro dilectionem
Prepofito, Decano & Capitulo hujus Ecclefie . . . . quo juramento fic preftito in tertia Cathedra à latere Decani immediate poft ftal-
lum Cantoris in Choro per Prepofitum vel ejus Vicarium inftalletur.

XLVIII.

Ex iifdem Statutis, folio 3.

ET quia Prepofitus Ecclefie fancti Audomari eft ejufdem Ecclefie
principalis & immediatus Paftor & Prelatus habens Curam ani-
marum & Juridictionem, decens eft ut in fuo primo & jocundo Adventu honorifice recipiatur. Modus autem receptionis ejus alias in eadem
Ecclefia ufitatus talis effe perhibetur fcilicet quod denunciato Adventu
ipfius Prepofiti Decano & Capitulo vel Decano abfente Capitulo, horâ
competente Decanus, Cantor & Canonici, Capellani, Vicarii, Curati patronatus Ecclefie ipfius & alii habitum ipfius Ecclefie deferentes Proceffionaliter in Cappis fericis aut deauratis accedant ei obviam ufque ad
portam clauftri dictam Caftellani, ubi falutatione premiffa dictus Prepofitus habitu Canonicali indutus poft Crucis ofculum & afperfionem aque
benedicte per Decanum vel alium Canonicum eo Decano abfente fibi
oblate . . . . induitur Cappa panni deaurati aut ferici ficut &
ceteri & deinde acceditur Proceffionaliter cantando &c.

XIV.

XLIX.

Exemples des entrées des Evêques de Terouane dans l'Eglise de Saint-Omer.

Extracta ex Actis capituli Ecclesiæ sancti Audomari.

XIX. ANno Domini 1459 die decima quarta menfis Maii . . . .
Reverendiffimus in Chrifto Pater Dominus Henricus de Lotharingia, Epifcopus Morinenfis, Canonicus in Ecclefia fancti Audomari in dictam Ecclefiam fuum primum fecit ingreffum . . . . . . &
. . . . indutus fuperpelliceo & Almuchia Canonicali
. . . . . Domino Prepofito ad latus dexterum & Domino Epifcopo ad finiftrum . . . . fe invicem per manus tenentibus ufque ad majus Altare . . . . . . Celebrans dedit Benedictionem Diacono ante pronuntiationem Evangelii & non Epifcopus, textus Evangelii ad ofculandum traditus fuit primò Prepofito . . . . . . & pari forma factum eft de thuribulo, & poft Sacramenti elevationem prefatus Dominus Epifcopus chorum exivit nec pacem expectavit quam fi expectaffet, modo premiffo habuiffet & non alias, &c.

Anno Domini 1493, die martis quinta menfis Decembris Reverendiffimus in Chrifto Pater Dominus Antonius de Croy Epifcopus Morinenfis, in Ecclefiam fancti Audomari . . . . . primum fecit ingreffum . . . . . cum habitu decenti, videlicet cappa, fuperpelliceo & domino, ficut ceteri Canonici . . . . . cepit eum Decanus & tenendo per manum finiftram per Chorum duxit eundem Dominum Epifcopum in Capitulum . . . . . . & facto Juramento . . . . . regredientes Chorum ad latus quidem Domini Decani in tertio loco immediate poft Cantorem fuit inftallatus.

Hac die Jovis nona menfis Junii anno Domini millefimo quingentefimo fecundo horà quafi quinta poft meridiem Reverendiffimus in Chrifto Pater & Dominus Philippus permiffione Divina Cardinalis de Luxemburgo Morinenfis & Cenomanenfis Ecclefiarum Epifcopus intravit Oppidum fancti Audom. . . . . . fepe fatus de Lobel pro parte dicti Reverendiffimi Domini Dominos Decanum & Capitulum in fuo loco capitulariter congregatos requifivit *ut prefatus Reverend. Dominus propter dignitatem fui Cardinalatus poffit jam dictum fuum facere in Ecclefiam ingreffum cum cappa Cardinalibus confueta una cum Rocheto de tela fub dicta cappa loco fuperpellicii faciendo Benedictionem generalem.* Domini habita inter eos mutura deliberatione per organum Domini Decani eidem refponderunt *Magifter Philippe ob reverentiam & honorem fancte Sedis Apoftolice cui immediate fubjicimur ac etiam R. Domini prefentie de gratia fpeciali & fine prejudicio*

permittimus & consentimus ut possit ingredi & suum primum ingressum facere in presenti Ecclesia in Cappa sua cum Rocheto loco superpellicii ut dictum est, accipiendo per eam Almuchiam canonicalem & incontinenti suo Capellano aut alteri post ipsum gradienti tradere, dictam benedictionem sibi penitus denegando......
Ipsa vero die tertia decima dicti mensis Junii eisdem anno & hora Reverendissimus Dominus prefatus Episcopus Morinensis, Canonicus in dicta Ecclesia sancti Audomari suum primum fecit ingressum in modum qui sequitur. Hora Tertia in dicta Ecclesia decantata ante celebrationem Misse, Domini Decanus, Preposito absente, omnes Canonici, Vicarii, Scoterii & alii dicte Ecclesie habitum deferentes usque parvum Portale dicte Ecclesie in turba processerunt ibidem super gradus remanentes & expectantes . . . . ipso Rev. Domino induto sua Cappa rubea cum Rocheto ut dictum est, Dominus Decanus Almuchiam Canonicalem eidem obtulit quam suis accepit in manibus & eandem vero pauxillum portavit & suo Capellano post ipsum gradienti tradidit . . . . postremo exeuntes Capitulum regressi sunt in Chorum & per venerabilem virum Magist. Eugenium Labitte dicte Ecclesie Canonicum Vicarium Reverendi Patris domini Prepositi ad latus domini Decani in tertio loco sub Cantore installatus fuit dictus Rev. Dominus . . . . . Qui quidem Rev. Dominus in dicto suo loco modicum remansit dominis Decano & Cantore in suis loco & formis existentibus & post decantationem Epistole dictus Reverendus Dominus Chorum & Ecclesiam exivit.

Anno Domini 1517 mensis Augusti die octava Reverendissimus in Christo Pater D. Franciscus de Melun Dei . . . . . gratia Episcopus Morinensis & Ecclesie sancti Audomari Prepositus & ratione dicti Episcopatus Morinensis Ecclesie sancti Audomari Canonicus . . . . receptus, per Magistrum Eugenium Labitte dicti Prepositi Vicarium . . . . fuit . . . installatus. . . . . .

L.

*Extracta ex Chronico Monasterii Sancti Bertini, authore
J. de Ypra, Abbate Sithiensi.*

ADalolphus secundus, qui nunc 28. loco regens hoc Monasterium . . . . . . *confirmationem* . . . . . . *Episcopi non habuit* **XXIX.** *unde nec proprie nominatur Abbas noster.*

Rodericus . . . . Abbas 36. . . . . . . à *Balduino Morinorum Episcopo hic Abbas consecratus est* anno 1021, Monachis contradicentibus quibusdam etiam recedentibus de Monasterio, &c.

Joannes hujus nominis tertius, in numero Abbatum 46. . . . . . . videns. . . . . D. Simon res Ecclesie sue per suos . . . . labores in me-

lius non poſſe deduci. : : . . . iſtam D. Joannem . : : : . huc advo-
cavit & ut eum Abbatem aſſumerent modis omnibus conſuluit & roga-
vit. Conſentientibus eis *mandatur Deſiderius Morinorum Epiſcopus, & in
ejus manibus· D. Simon Abbas noſter Prelaturam ſub penſione reſignavit*, quo
facto Joannes hic Abbas noſter eligitur & per D. Deſiderium Epiſcopum
confirmatur & conſecratur anno 1187.

Simon hujus nominis tertius . . . . . Abbas 48. . . . . . Jacobo
Abbate noſtro apud Claromariſcum effecto Monacho, fratres S. Bertini....
D. Bartholomeum Waſſelin......elegerunt, quem quia monoculus
erat, D. Petrus Epiſcopus Morinenſis..... recuſavit & D. Simo-
nem..... hic Abbatem pro alio conſecravit ; quare Conventus Sancti
Bertini Romanam Curiam appellavit..... diſſentione coram Pontifice
ventilata Papa..... electionem D. Simonis ab Epiſcopo factam con-
firmavit alio recuſato.

Gillebertus Abbas hujus loci 39, Natione de Villa S. Audomari.....
tandem fuit hic in Abbatem noſtrum electus anno Domini 1230, &
à Domino Petro tunc Morinorum Epiſcopo confirmatus & conſecratus.

Euſtachius hujus loci Abbas 54..... eſt hic electus in Abbatem
& per Dominum Jacobum Morinorum Epiſcopum confirmatus &
conſecratus.

Alelmus Botel - Bolonienſis Abbas 57..... in Abbatem eſt electus,
& à Raymundo * confirmatus.

Joannes hujus nominis V, de Ypra tertius, Abbas 58:.... pronun-
tiatur..... ad Papam Urbanum V Avenionem pro ſua confirmatione
proficiſcitur ; benignè ſuſceptus, pro voto petitiones ejus expediuntur,
tum quia Urbanus hunc Pariſiis in Decretorum exercitio alumnum habuit, tum etiam *quia Eccleſiam iſtam pro Servitio Cameræ Apoſtolicæ ad 800
florenos de Camera Cardinalibus contradicentibus & in quantum poterant reſiſten-
tibus taxari ac regiſtrari procuravit*.... quare eidem Urbano anniverſarium
ſingulis annis ſolemniter celebrandum ante Natale Domini obtulit,
quibus ad nutum expeditis, ſuis cum Bullis..... in ſuam Eccleſiam
introitum fecit.....

* Joannes VI..... hujus Eccleſiæ Abbas extitit 60..... ab ipſo Morinenſi, non à Papa..... confirmationem obtinuit.

Joannes de Medom origine Yprenſis, VIII hujus nominis & Abbas 63......tandem à Diœceſano.... confirmatur & lætè.... à ſuo
Conventu accipitur, lætiuſque cætera in tali receptione agenda con-
ſummantur.

LI.

Extractum ex Litteris de Vidimus, datis per Joannem Abbatem Sancti Bertini sexagesimum.

UNiverfis præfentes Litteras infpecturis notum facimus quod nos Joannes permiffione Divina Abbas Monasterii fancti Bertini de Sancto Audœmaro Ordinis fancti Benedicti Morinenfis Diœcefis vidimus, tenuimus & diligenter infpeximus quafdam Litteras, &c. . . . . . Datum & actum in præfato Monasterio nostro die 22 menfis Julii anno Dom. 1418. *Adjecta erat fignatura Scriba & appenfum figillum Abbatia fancti Bertini.* **XLVF**

L I I.

Extractum ex Chronico Yperii. *

* Ou de fon
Continuateur.

JOannes de Alneto. . . . Bertini dari Cœnobio petitur famofo . . . . anno milleno quater centum duodeno, his fimul adjuncto bis triginta fimul uno *. Hic in principio fui regiminis pro fuæ Ecclefiæ exemptione adverfus Curiam Morinenfem viriliter proceffit, dictamque Ecclefiam fuam Romanæ Ecclefiæ nullo medio fubjectam privilegiis demonstravit, NAM PRIMUS ABBATUM HOC TITULO USUS EST. **XXXIII.**

* Le Calcul fait
1471.

L I I I.

Extractum ex eodem Chronico.

JOannes de Griboval . . . . . via compromiffi Prælatus fit 62 . . . . . & per Pontificem Martinum V confirmatus . . . . . hic anno fui regimis fecundo . . . . . . à Vicariis Morinenfis Epifcopi coram fuo Conventu in Capitulo ab administratione fpiritualium & temporalium exuitur, duobufque Religiofis Ecclefiæ regimen committitur. **XXXII.**

LIV.

Extrait d'une copie autentique des Lettres données par le Patriarche de CP. Referendaire du Pape Martin V, pour expliquer la Bulle de Calixte II, donnée à l'Abbaye de Saint Bertin.

UNiverfis & fingulis prefentes litteras infpecturis Johannes miferatione divina Patriarcha Constantinopolitanenfis fanctiffimi in Christo Patris & Domini nostri Domini Martini divina Providentia Pape quinti Referendarius ac per eum ad infra fcripta fpecialiter depuratus falutem in Domino. Nuper receptis letteris ejufdem Domini nostri Pape una cum litteris originalibus de quibus in eifdem Apostolicis litteris **E**

fit mentio nobis pro parte venerabilium & Religioforum virorum Domini Allardi Abbatis & Conventus Monafterii fancti Bertini de fancto Audomaro ordinis fancti Benedicti Morinenfis Diœcefis prefentatis, cum ea
qua decuit reverentia noveritis nos eas recepiffe, quarum tenor fequitur in
hec verba Martinus Epifcopus fervus fervorum Dei . . . . . quoniam pium eft ut ea que . . . . per Apoftolicam Sedem conceffa funt
illibata perfiftant, confequenter dignum eft . . . . ut fi qua illis
ineffe confpiciatur dubietas, ea protinus per ipfius Sedis autoritatem provi-
dam congruenter declaretur. Sane dudum felicis recordationis Calixtus
Papa II . . . , in favorem . . . . Abbatis & Conventus
Monafterii fancti Bertini de fancto Audomaro . . . . . litteras fuas conceffit quarum tenor fequitur in hec verba. Calixtus Epifcopus . . . .
dilecto filio Johanni Abbati Monafterii fancti Bertini ejufque fucceffori-
bus . . . . . ipfum Monafterium . . . . . in fua jubemus liberate &
immunitate perpetuo confervetur adeo ut de ftatu fuo nulli nifi Pontifici Romano refpondeat, falva tamen Teruanenfis Epifcopi Canonica reverentia . . . . . datum . . . . quinto idus Octobris . . . . anno 1124
. . . . pro parte dilecti filii Allardi Abbatis dicti Monafterii . . . .
nobis fuit humiliter fupplicatum ut litteras feu Privilegium hujufmodi
in eo quod ambiguitatem vel obfcuritatem . . . . . patitur interpretari
ac dilucidari mandare de benignitate Apoftolicâ dignaremur. Nos igitur
. . . . mandamus quatenus litteris ipfis . . . . infpectis atque examina-
tis . . . . quidquid in eis ambiguum vel obfcurum inveneris ftudeas
. . . . . autoritate noftra interpretari . . . . datum Romæ
apud fanctum Petrum tertio nonas Januarii Pontificatus noftri anno
quarto. Quibus itaque receptis fuimus pro parte dictorum Abbatis &
Conventus . . . . requifiti ut ad ipfarum nobis directarum litterarum executionem . . . . . procedere curaremus. Nos igitur . . . . . .
eas . . . . comperimus ambiguitatem vel fatius obfcuritatem notabi-
lem continere. Nempe . . . . . infurgebat dubietas . . . . utrum videlicet idem effet in effectu vel contrarium importaret illa locutio : Sal-
va Teruanenfis Epifcopi Canonica reverentia, quantum fi diceretur, falva loci Ordinarii Canonica reverentia . . . . claufulam ipfam . . . . . .
interpretando declaramus & declarando interpretamur in hunc modum,
&c. . . . . Datum & actum Romæ in domo habitationis noftræ in regione campi Martis de Urbe fita fub anno à Nativitate Domini 1421.

L V.

Litteræ Innocenti II ad Milonem Epifcopum Teruanenfem &c.

XXX. INnocentius Epifcopus Servus Servorum Dei, Venerabili M. Epifcopo & dilectis Filiis Ph. & M. Archidiaconis, necnon Decano, Can-
tori & Capitulo Morinenfi, falutem & apoftolicam benedictionem. Dilectioni veftre notum fieri volumus quod cariffimus filius Leo Abbas
fancti Bertini pro querela, quam fibi Abbas & Monachi Cluniacenfes in-
ferebant, ad noftram prefentiam evocatus acceffit, Monafterium fancti
Bertini

41

...ertini à Cluniacensium subjectione omnino absolvimus , & salvâ Justitia Teruanensis Episcopi et Ecclesiæ sub solius Sancte Romane Ecclesie ditione perpetuo permanere, & sua libertate gaudere decrevimus. Que cum ita sint dilectioni vestre mandamus & mandando precipimus , quatenus prefatum Monasterium & dilectum filium nostrum Leonem Abbatem ipsius loci diligatis & honoretis , & in sua justitia manutenere curetis.

Autenticité des Manuscrits du Chapitre de saint Omer , qui ont été cités aux nombres LVI de ce Mémoire & suivans, & dont on produit ici les Extraits.

ENtre les Titres , le Chapitre a employé deux Manuscrits de la vie de saint Omer , qu'il a donnés pour des Pieces , l'une du IX siécle commençant ; & l'autre du X , & l'on a promis d'en établir ici l'antiquité & l'autorité.

1°. Le caractere de ces sortes de Titres doit servir à en fixer le tems. Or le caractere seul de ces vies Manuscrites est décisif pour les attribuer au IX & au X siécle , & le Chapitre est possesseur d'autres Manuscrits du même goût , que les critiques les plus éclairés en cette matiere , ont jugé être de la premiere antiquité , & qu'ils ont préferés à ceux qu'ils avoient vûs dans les autres Bibliothéques.

2°. Si le caractere fixe l'âge de ces Manuscrits , les faits qui y sont rapportés, sont des moyens assurés pour empêcher de rien ajoûter à leur antiquité véritable. Par cette raison , l'un de ces Titres contenant un fait arrivé vers le milieu du X siécle ; il est évident , que celui-là ne peut être que de la fin de ce siécle, quelque préjugé que le caractere puisse faire naître d'une plus grande antiquité. Au contraire , l'omission d'un fait important arrivé vers le milieu du IX siécle , établit de plus en plus l'âge du premier Manuscrit. Le recouvrement du corps de saint Omer , après un vol qui venoit d'en être fait , a toujours été un fait public ; & dès le milieu du IX siécle , cet évenement fut l'objet d'une Fête considerable , qui subsiste encore sous le nom de la Relation de saint Omer. Ce premier Manuscrit n'en dit rien. Il contient cependant trois vies de saint Omer , une en prose , deux en vers ; & les Auteurs font avec soin l'Histoire du culte de leur Saint , & des merveilles arrivées à son Tombeau ; ils parlent même , comme

F

en ayant été les témoins. Ils ont donc écrit avant le vol & le recouvrement des Reliques ; & par conséquent au commencement du IX siécle.

3°. Ce même Manuscrit porte encore d'autres marques d'antiquité & de respect. Il est couvert d'un velours rouge, d'une part ; & de l'autre de lammes d'argent, avec des inscriptions, & une figure de vermeil, représentant saint Omer, d'un goût antique, & qui parut tel dans le XV siécle. Il paroît par ces ornemens, qu'autrefois dans les Offices-Divins, ce Manuscrit étoit posé sur l'Autel, vis-à-vis un autre Manuscrit des quatre Evangiles, qui est incontestablement de la même antiquité ; & qui est aussi couvert de velours & de lammes, comme sont encore les Livres des Evangiles en plusieurs Eglises.

4°. En 1469, M. Haberge, Conseiller au Parlement de Paris, & Commissaire dans le Procès du Chapitre contre l'Abbaye de saint Bertin pour le corps de saint Omer, dont il a été parlé dans la IV proposition de ce Mémoire, fit la collation de plusieurs Extraits de ce Manuscrit, en présence des Religieux de saint Bertin ; & ce Titre fut regardé également alors comme autentique & très-ancien.

5°. Les plus anciens Lectionnaires Manuscrits de l'Eglise de saint Omer, n'ont pas d'autres leçons pour les Offices du saint Patron, que ce qui a été copié dans ces Vies manuscrites, les Breviaires des siécles posterieurs & les Livres modernes n'ont pas d'autre source. Ce qui forme une tradition pour l'autorité de ces Manuscrits, & pour la verité des faits qui y sont rapportés : & cette tradition remonte jusqu'au tems de S. Omer, puisque ce Saint a vécu assez avant dans le VII siécle, & qu'un Manuscrit du IX siécle commençant peut être un ouvrage composé long tems auparavant par des témoins oculaires des faits qu'ils rapportent : c'est ainsi que celui du X siécle finissant est sans doute un ouvrage composé plutôt, mais augmenté par le récit d'un fait plus recent.

6°. Pour ne laisser aucun soupçon sur la fidelité de ces Titres, il faut ajoûter qu'ils ont été sauvés des incendies arrivés à saint Omer avant le milieu du XI siécle, parce que le Chapitre conservoit ses Livres dans l'Eglise, comme il paroît par un Acte capitulaire du 4 Janvier 1482, qui se trouve au Registre B, fol. 26, & qui a été produit au Procès cotté F. Voici la teneur de cet Acte.

Ipso die Magister Hugo de Moucy Canonicus Johannes Dergny & Petrus Godin Presbiteri executores dicti quondam Jacobi de Houchin recitaverunt Dominis qualiter dictus quondam Jacobus volens *quosdam de suis libris erogare & relinquere ad decorem Chori hujus Ecclesie* & exercitationem suppositorum ejus nullâ specificatione factâ reliquerat discretioni suorum executorum ut patet per quamdam cedulam testamento ipsius defuncti adjectam manu mei Notarii signatam & eatenus elegerunt de convenientioribus & utilioribus libris dicti defuncti quos reservaverunt numero undecim, Domini admiserunt & acceptarunt consentientes quod *reponantur partim in latere dextro, partim in latere sinistro.*

F.

LVI.

Ex Manuscripto vetustiore qui habet tres vitas sancti Audomari, unam soluta oratione, duas versibus scriptas initio noni saeculi.

Folio 8.

Beatus vero Audomarus in predicta villa (Sithiu) ANTE adventum predictorum virorum * Ecclesiam edificavit in eo loco in quo suum pausat in pace corpusculum.

I.

** Mummolini, Ebertranni, & Bertini.*

II.

** Audomarus.*

Folio 42 verso & 43.

Cum levat * Ecclesie titulo venerabile templum;
Namque Monasterium structu cultuque decorum
In precinctura Sithiu jam praetitulati
A fundamentis construxit sumptibus amplis
Quod dotans sancteque Dei genitricis honori
Ecclesiam faciens in foedere spirituali
Christo sponsavit. . . . .
EXIN TEMPORIBUS DECURSIS ordine paucis

. . . .

Mummolinus, Evertramnus, Bertinus & almus
Constantinensi de praeclara regione
Adventus proprii presentant gaudia sancto
Pontifici

II.

** Audomaro.*
** Adrisalduc.*

Folio 84

Tunc etenim villam que Sithiu dicitur ipsi *
Tradidit * inque ipsa Christi sub honore dicatam
Condidit Ecclesiam Presul, HUC appulit ergo
Predictos sanctos tres dispensatio Summi.

Folio 86.

Duxit ad Ecclesiam quam Presul struxerat ipse

In villa *Sithiu* predictorum ANTE virorum
Ternorum adventum . . . . .

Ex Manuscripto posteriore.

Folio 15 & 17.

II.
* *Audoma-*
rus.
IBi Ecclesiam construere jussit, * eamque in honore sancti Martini dedicavit. Postea vero monasterium haut longe ab ea fundavit , & in honore sancte Dei Genitricis Mariæ consecravit, ubi nunc in pace corpus suum requiescit . . . . Post HEC non multo temporis intervallo ad beatum Audomarum de predicta Constantinensi regione tres una cum mente viri Mummolinus & Ebertramnus sanctusque Bertinus pariter venerunt.

Extrait des Manuscrits de Terouane , collationné par M. Haberge , Conseiller & Commissaire en 1469.

IX.
* *Audoma-*
rus.
. . . . Ecclesiam construxit * quam in honore sancti Martini dedicavit , & non longe ab ea Monasterium sancte Dei Genitricis consecravit. POSTMODUM venientibus de Constantinensi regione Mummolino , Bertramno & Bertino . . . . . .

LVII.

Ex vetustiore Manuscripto Vitæ sancti Audomari.
Folio 16.

I.
. . . . . Ad sæpe dictum templum quod hujus provinciæ maximo veneratur honore , ubi ipsius sancti viri terræ traditum esse cernitur corpus catervatim confluenti undique populo.

XII.
Eadem habet Codex manuscriptus posterior.

Folio 42 *verso.*

II.
Cum levat Ecclesiæ titulo VENERABILE TEMPLUM
Namque MONASTERIUM STRUCTU CULTUQUE DECORUM

. . . .

. . . . construxit SUMPTIBUS AMPLIS
Quod dotans sancteque Dei Genitricis honori
Ecclesiam faciens . . . . .

LVIII.

Extrait des Manuscrits de Terouane , collationné par M. Haberge , Conseiller & Commissaire en 1469.

IX.
* *Audoma-*
rus.
. . . . . Aliis pausantibus egressus oravit * . . . & virgam Pastoralem ibi figens ad stratum rediit. In crastinum DISCIPULIS BACULUM REQUIRENTIBUS , ordinem rei explicuit.

LIX.

Ex Manuscripto vetustiore Vitæ sancti Audomari.
Folio 8.

POstquam ergo præfati Dei famuli ad eum pervenêrunt , concessit illis ut MONACHORUM HABITACULUM ædificarent ubicumque illis in prædicta placuisset villa. Sancti igitur Mummolinus atque Bertinus cum cæteris eorum sociis Monasterium ædificare cœpêrunt in eo loco qui usque hodie vocatur Vetus Monasterium.

I.

Ex Manuscripto posteriore.
Folio 17.

SAnctus Audomarus cum prædictis beatis viris . . . . Monasterium cogitavit in Dei fundare nomine AD HABITANDUM MONACHIS &.... locum habebat aptum in prædicta videlicet villa quam Adroaldus donaverat. Concessit igitur illis ut ubicumque in ea voluissent MONACHORUM HABITACULUM ædificassent. Sancti igitur Mummolinus , Bertramnus atque Bertinus Monasterium ædificare cœperunt in eo loco qui usque hodie Vetus vocatur Monasterium.

II.

L X.

Ex eodem Manuscripto.
folio 26. verso.

UBi corpus sancti viri , sanctus Bertinus Abbas cum suis Monachis ET CLERICIS SANCTISSIMI VIRI , cæterisque fidelibus Christi sepelierunt.

II.

LXI.

Ex Manuscripto vestutiori vitæ sancti Audomari.
folio 42.

QUidquid terrestri thesaurisavit honori ,
  Et Villam Sithiu cum fundo cespitis ampli
Imperio Christi TRANSCRIBIT Jure perenni
Ac AUDOMARI virtutiferæ DITIONI
O te præclarum Christi gasis Adroaldum,
Qui dum mundanas exhæredas tibi gasas
In Patria locuples Paradisi nasceris hæres.

II.

Ex eodem Manuscripto.
folio 83.

VIR fuit ergo potens Adrovaldus nomine dictus.
  Mundi divitiis existens oppido celsus
Hunc Audomarus cultus errore solutum
Perversi , traxit Deitatis ad agnitionem;

II.

Hic etiam fibi cum non effet Filius ullus
Omnia quæ rerum poffedit prefulis almi
PERMISIT JURI : cupiens Celeftia fola ;
Tunc etenim, Villam quæ Sithiu dicitur ipfi
TRADIDIT

Ex Manufcripto pofteriore.
folio 15.

II.

QUodam itaque tempore dum beatus Audomarus Epifcopali more vicos circuiret pervenit ad quandam vocabulo Sithiu villam jam pridem à quodam devotiffimo DELEGATAM. Erat enim vir quidam potens Adrouvaldus nomine in divitiis hujus feculi vanis valde dives quem beatus Audomarus de errore gentilitatis ad fidem convertit catholicam quemque cum omni fua baptizavit familia Hic prudenti confilio fallaces divitias prefentis fæculi fpernens nec ullum habens filium magnam hereditatis fue partem cum omni fua multiplici fubftantia Deo & beato TRADIDERAT Audomaro videlicet villam fuperius memoratam. In hac igitur more folito fe hofpitio recepit.

Extrait des Manufcrits de Terouane collationné par Monfieur Haberge en 1469.

IX.

CUM autem recepiffet fe hofpitio in Villa Sithiu quam ei DONAVERAT ad Exenodochium faciendum Adroaldus.

LXII.

Cartula Donationis de Alverynghem.

XXVIII.

QUI parum dat, comparat regnum, & qui tribuit parum pecuniæ, accipit menfuram fine fine. Idcirco in Dei nomine ego Adalfridus humillimus Illuftrium virorum trado Villam juris mei inclito venerabilique viro Audomaro Epifcopo ad Ecclefiam fuam quæ eft in Sithiu, quæ & nomine meo cenfetur, fitam fuper fluvium Saltanawam, pro animæ meæ falvatione, pro eoque quod Sanctus Prænominatus filium meum unicum abfque luminibus natum condonavit vifui, ad Alfrynghaem cum omnibus afpicientiis, id eft, &c.

LXIII.

Extrait concernant la Donation de Blendecque.

XXVIII.

ADrualdus illuftre en fon temps, Seigneur de Hebbingahem, qui après fu nomé Sithieu, & maintenant Saint-Omer, donna à Monfieur faint Omer, lors Evêque de Therruenne, pour certaines & juftes caufes au proufit & commodité de fon Eglife conftruite en l'honneur de la Vierge Mere de Dieu, plufieurs Terres & Seigneuries à lui appartenants, & entre aultres une Ville & Seigneurie nommé Blendecque, & tout ce que lui appartenoit, tant en prés, bos, eavues, cours de eavues & aultres émoluments comme appert par livres anchiens de

l'Eglife de faint Omer en datte de l'an XI de Lodevei Roy , fils de Dagobert Roy. . . . .
Domino venerabili in Chrifto patri Audomaro Epfcopo Adroaldus peccator cogitans de timore Dei , & remedio anime mee nullum habens filium tractavi mecum de falute mea

LXIV.

Extrait d'un ancien Calendrier de l'Eglife de Saint-Omer où font repris plufieurs Biens qui ont toujours appartenus à cette Eglife.

UNdecim obedientiæ funt quæ pertinent ad Ecclefiam fancti Audomari . . . . . . & fingulis annis terminis ftatutis Decano & Canonicis prædictæ Ecclefiæ in tritico, & avena , & argento, & denariis , & aliis minutiis . . . . . fervire debent. Prima verò obedientia dicitur Blendeка quia primo dat panem ad cellarium Canonicorum & miniftrat . . . . de quibus, 28 Canonicis , & quinque Miniftris & duabus Præbendulis quas Arnulfus bonæ memoriæ præpofitus . . . . .conftituit, unicuique marca una pro carne quam folebant habere in Nativitate Domini , datur . . . . . . quod folvitur quaque die in refectorio.

L X V.

Bulla Alexandri III. data Senonis V. nonas Martii.

ALexander... dilectis Filiis Prepofito, Decano & Capitulo fancti Audomari . . . . Bone autem memorie. A quondam Ecclefie veftre Prepofitus quafdam poffeffiones de propriis facultatibus acquifitas eidem Eeclefie ad duarum Prebendarum contulit inftaurationem que inferius continentur...Preterea ad majorem ipfarum fufficientiam Prebendarum Carnes ficut aliis & in refectorio omnia cocta cibaria petitione aliorum Canonicorum inductus eifdem indulfit. Ne igitur , &c.

G.

LXVI.

Fondation de la Prebende du Chapelain des Comtes de Flandre dans leur Château de Ruhoult.

EGo Gerardus Dei gratia Sancti Audomari Prepofitus , & Willermus ejufdem Ecclefie Decanus , univerfis tam prefentibus quam futuris notum fieri volumus quod confentiente Capitulo noftro Capellanum Comitis de Ruhot Canonicum Ecclefie noftre conftituimus cum reditibus & cenfu qui ad Capellaniam ipfius de Ruhot fpectant. Conceffimus etiam ipfi . . . . Infuper fercula quibus Canonicis teneor , ei adimplebo : in ferculis que Canonici faciunt de proprio, ficut Canonicus accipiet. Actum anno Domini M. C. LXXXVIIII. menfe Decembri, in die fefto Beati Thome Martyris & Cantuarienfis Epifcopi.

XXXVIII.

LXVII.

Ex Statutis Ecclesiæ sancti Audomari ab Eugenio Papa IV confirmatis.

XIV.   ITem .... statuimus ne quis in Ecclesia ..... vendere presumat quod si quis fecerit per ...... *Custodem* expellatur.

Item quod reparatio. ... Capelle sancte Suzanne est & esse debet ad onus fabrice ..... habeatque *Custos Ecclesie* unam clavem eam traditurus cuilibet Canonico ipsam habere volenti.

LXVIII.

Divers extraits concernant l'Office subalterne de Custos à Saint-Omer & ailleurs.

XXXVIII.   IN nomine ..... Ego Milo Morinorum Episcopus inter Ecclesiam Sancti Audomari & Ecclesiam Burburgensem ..... actum anno 1155 ...... Teste Philippo Archid. Milone Archid. Balduino de Milham, Matheo Preposito de Cassel, Bonifacio Decano Sancti Audomari, *Petro Custode* Sancti Audomari, Lamberto de Staplis.

Notum sit omnibus .... Facta est ista conventio anno Domini 1155. Teste Philippo Arch. Milone Arch. Balduino de Milham, Mattheo Preposito de Cassel, Bonifacio Decano Sancti Audomari, *Petro Custode* Sancti Audomari, Lamberto de Staplis.

Universis ..... Joannes Carpentarii & Joannes Marau Canonici Ecclesiæ Sancti Audomari . . . . Vicariique Generales Rev. Patris ad DD. Petri ..... Ecclesie Sancti Audomari Prepositi salutem ..... Datum anno 1403 .... presentibus .... Joanne Donati, Petro de Bosco Presbiteris, Joanne de Poliaco Subdiacono ..... Joanne Derive Presbitero ejusdem *Ecclesie Capellano, Vicario & magno Custode. Cum sigillo Prepositura Sancti Audomari in cera rubea.*

Ego Gerardus Dei gratia Sancti Audomari Prepositus, & Willermus ejusdem Ecclesiæ Decanus ..... *S.* Willermi Decani. *S.* Roberti Subprepositi. *S.* Magistri Hugonis. *S.* Walteri Cantoris. *S.* Stephani. *S.* Alexandri. *S. Simonis Custodis. S.* Guidonis. *S.* Johelis. *S.* Magistri Johannis. Actum anno Domini M. C. LXXX. VIIII.

Omnibus Teruanensis Ecclesie Filiis notum esse volumus quod Canonici de Castro sancti Pauli .... Canonicis sancte Dei Genitricis Mariæ & Sancti Audomari ..... per singulos annos debent unam Marcam argenti ... acta sunt hec an. D. 1094. P. P. existente Urbano, Rege Philippo in Francia, Gir. residente in Episcopali Cathedra, Arnulpho S. Aud.
Preposito

Prepofito S. G. Epifc. S. Arnulphi Arch. S. Milonis Decani. *S. Odonis Cuftodis.*

[OmnibusTeruanenfis Ecclefiæ filiis notum effe volumus quod Canoni-ei de Caftro S. Pauli . . . . . . Canonicis fanctæ Dei Genitricis Marie & S. Aud. . . . . an. D. Incarnat. 1100. . . . Papa exiftente Pafchali , Rege Philippo regnante in Francia. Johanne refidente in Epifcopali Ca-thedra , Arnulpho Prepofito fancti Audomari. *S.* Johannis Epifcopi. *S.* Arnulphi Archid. *S.* Hugonis Archid. *S.* Varini. Dec. *S. Gualteri Cuftodis.*

In nomine fanctæ & individuæ Trinitatis ego Defiderius Dei gratia Morinorum Epifcopus dilectis filiis Roberto Abbati Lifquenfis Eccle-fiæ ejus fratribus . . . . Actum Theruaniæ anno M. C. LXX. ab incarna-tione Domini fub iis teftibus Alulpho & Galtero Archidiaconis , Eve-rardo Decano , Balduino Cantore, Joanne Cancellario, Adam, Rogerio , Magiftro Joanne Sacerdotibus, Magiftro Alelmo , Magiftro Euftacio de Angoldeffen , Noberto Scoffeel , Adulpho de Neles , *Guillelmo Cuftode* , Nicolao de Bouelingehem , Gocelino , Bernardo Canonicis.

Les fept premiers Titres font aux Ar-chives du Chapitre.

. . . . . Honorificus *Comes Horontus* magnam hereditatis fue partem huic Ecclefiæ contulerat . . . . . eo tamen tenore ut *Cuftos hujus Ec-clefie* cujus officio eam contulit, id eft ad luminare Ecclefie fingulis annis poft obitum fuum in die Anniverfarii annali propinaret.

XXXVII.

Yperius , ch. 15.

. . . . . conceffit . . . . ut ipfe Uxor ejus & Filius . . . . *folvat Cuftodi noftro ceram valentem* 5. V. ut lumen ad Altare fancti Laurentii, co-ram quo dictus Comes Horontus fepultus jacet, luminare nunquam defit.

Anno Domini 1097 . . . . tranflatum eft venerabile corpus B. Fol-quini Morinorum Epifcopi de fcrinio veteri & in novo reconditum ad-ftante ipfa Comitiffa Flandriæ & D. Arnulpho Taruanenfi Archidiacono cum aliis fpectabilibus perfonis , quas hic pro teftimonio annotari placuit. Dominus Abbas Lantbertus . . . . ; Girardus Prior M. , Gommarus 2. Prior, *Euftachius Edituus qui hoc fcrinium renovavit , &c.*

XXXVIII.

Ce Titre vient de la Châffe de faint Folquiu dans l'E-glife de S. Bertin.

Flandriæ Comes Balduinus Barbatus apud Bergas . . . . . quadam nocte cum *Cuftos ad pulfandum* matutinas Ecclefiam aperiret , habitu mutato quafi oraturus intravit. *Cuftos* pulfatis matutinis, nullo venien-te , claudere voluit Ecclefiam, & Comitem quem plebeium eftimavit compulit exire.

L'Yperius du P. Martene , ch. 16 & 40.

Bergis . . . . . *Edituo furgenti* pro matutinis Philippus ifte fuper locum fepulturæ fuæ vifibiliter apparuit, & ei fe manifeftans eum monuit ut *fignum pro matutinis pulfaret.*

Quarta igitur Sabbati . . . . . Canonici . . . . . fancti Prefulis Corpus fufcipientes iter . . . . . arripiunt . . . . . fed cum ad Thiale Portum . . . . . perveniffent . . . . *Cuftos Ecclefie*

Vie manufcrite de S. Omer du X fiè-cle.

G

illius Ville fuperbiendo fanctafque Reliquias blafphemando noluit eis fores Templi referare. . . . .

XXXIX.

Ces deux Titres font aux Archives du Chapitre.

A tous chaus ꝗ chefte prefente Letre verront & orront Jou Phelippes d'Ypre Chevalier Sire de Kienvile Salut en N. S. & fai à favoir ꝗe jou ai donné tout le pooir ꝗe jou avoie en la dounifon de le Coufterie de Lamperneffe à preudommes fages & honoraules kiers Seigneurs les Chanonies del Eglife de Saint Omer à douner la ou il vauront en temoignage de chefte Letre enfceleé de mon fcel les fu douneé en l'an de grafe mil deux chens fixante & qoatorze le vigile de le Pentecoufte.

In Nomine Domini amen. Per hoc prefens publicum inftrumentum cunctis pateat evidenter & fit notum quod anno ejufdem Domini 1433. . . . . . . in mei Notarii publici . . . . . . prefentia perfonaliter conftitutis & comparentibus venerabili & difcretis viris Domino Guillermo dicto Parroor Curato five Rectore . . . . . . Parrochialis Ecclefie de Lamperneffe . . . . . . quod de cetero . . . . . . permittent dictos D. Decanum & Capitulum dictam Cuftodiam five Matriculariam . . . . . . in perpetuum dare & conferre. . . . .
Au deffous fe trouve l'atteftation du Notaire avec paraphe.

LXIX.

Extrait des Manufcrits de Terouane collationné par M. Haberge Confeiller & Commiffaire en 1469.

IX.

CUm autem recepiffet fe hofpitio in Villa Sithiu quam ei donaverat ad Exenodochium faciendum Adroaldus, quem cum familia fua ad fidem converterat.

LXX.

Bulla Innocentii II, data 1139.

H.

INnocentius Epifcopus, Servus Servorum Dei, dilectis filiis in Chrifto Præpofito & Canonicis fancti Audomari . . . . , Ecclefiam beati Audomari in qua divino vacatis fervitio Apoftolice fedis privilegio communimus. Statuentes ut quafcumque poffeffiones quecumque bona . . . . idem venerabilis locus imprefentiarum jufte & canonice poffidet aut in futurum . . . . . Deo propitio poterit adipifci perpetuo jure firma vobis & illibata permaneant. In quibus hec propriis duximus exprimenda vocabulis, ad *fervitium videlicet atque fufceptiouem pauperum Chrifti* IN HOSPITALI DOMO PRÆFATE ECCLESIE SANCTI AUDOMARI . . . . . Terram de Rubruc, Terram de Staples , &c.

LXXI.

Ex Martyrologio vetustissimo sub nomine sancti Hieronymi.

Alend. Novemb. Litania indicenda. Festivitas omnium Sanctorum.......... Sithio Monasterio Depositio sancti Audomari Episcopi & Confessoris. Pictavis Civitate Dedicatio, &c.

XL.

LXXII.

Ex Chronico Yperii.

ANno Domini 1152. accidit hujus loci magna calamitas. Ignis.....erumpens medietatem ipsius Villæ ac totum istud Monasterium.....incineravit.... Leo tamen noster Abbas...... in opus reparationis invehitur ,.... & infra biennium...... reparavit: tertio vero anno ad festum omnium Sanctorum Monachos suos quos per diversa Monasteria locaverat ad sinum sue Matris revocans..... diem festum solemnem egit , & in hujus reparationis & sui Collegii quasi ab exilio revocationis memoriam festum omnium Sanctorum ut diem Natalis Domini ab hoc tempore celebrari precepit.

XLI.

LXXIII.

Ex eodem Chronico , cap. 13. & 18.

ADalardus hujus loci Abbas 13. Filius Horonti Comitis de militia Caroli Magni juvens à patre suo prædicto, Deo, B. Petro, sanctoque Bertino oblatus est in hoc Monasterio Sithiu , sed posteà sub Fridogiso Canonicus apud Ecclesiam sancti Audomari est effectus : deinde major annis post obitum Hugonis suscepit hanc Abbatiam anno Domini 844.

XXXVI.

SAnctus Fulco hujus loci Abbas 18 Canonicus Ecclesiæ sancti Audomari post Hiduinum est hic Abbas subrogatus.

LXXIV.

Ex posteriori Manuscripto Vitæ S. Audomari. fol. 15.

DUm beatus Audomarus Episcopali more Vicos circuiret , pervenit ad quamdam vocabulo Sithiu Villam...... In hac igitur more solito se hospitio recepit.

II.

L'Autenticité de ces Manuscrits a eté prouvée avant le nombre LVI,

LXXV.

Ex Manuscripto Vetustiore ejusdem Vitæ fol. 8. & 9.

POstquam ergo præfati Dei famuli ad eum pervenerunt, concessit illis ut Monachorum habitaculum ædificassent, ubicumque illis in prædicta placuisset Villa. Sancti igitur Mummolinus atque Bertinus,

I.

cum cœteris eorum in Chrifto fociis Monafterium ædificare cœperunt
in loco qui ufque bodie Vetus vocatur Monafterium. Sed in eo loco
paucis morantes annis divina fibi fuadente gratia alium voluerunt
eligere locum , ... dehinc beato Audomaro pio eorum favente
defiderio Monafterium nomine Sithiu ex prefata Villa nominatum fuper
Agnionam fluvium in Dei nomine ædificare cœperunt, confluentibufque
undique religiofis viris ad prædictos Dei famulos beatus Audomarus
Mommolinum multitudini præpofuit Monachorum , ... Gloriofus
Pontifex Audomarus poft Mummolinum in prædicto Monafterio fancto
Monachorum choro beatum præpofuit Bertinum.

LXXVI.

Ex pofteriore manufcripto max citato , folio 19.]

II. DEhinc Beato Audomaro pio eorum favente defiderio Monafterium
nomine Sithiu ex præfata Villa nominatum fuper Agnionam fluvium in Dei nomine ædificare cœperunt.

Confluentibufque undique religiofis viris ad prædictos Dei famulos
Beatus Audomarus Mummolinum multitudini præpofuit Monachorum.

Sed non multo poft temporis intervallo præfatus venerabilis Abbas
Mummolinus ad Morinenfis urbis Epifcopatum divina largiente gratiâ
provectus eft . . . . gloriofus igitur Pontifex Audomarus poft Mummolinum in prædicto Monafterio fancto Monachorum choro beatum præpofuit Bertinum.

Extrait des Manufcrits de Terouane , collationé en 1569 par M.
Haberge Confeiller au Parlèment.

IX. VEnientibus de Conftantinenfi regione Mommolino , Bertramno &
* *Audoma-* Bertino Monafterium in Sithiu ædificare conceffit* , & Mummolinum prefecit, & eo ad Epifcopatum Noviomenfem vocato fanctum fu-
brogavit Bertinum.

LXXVII.

Ex vetere Manufcripto Codice Rituum Ecclefiæ fancti Audomari.

XXIV. NOnas Septembris Depofitio fancti *Bertini* Abbatis , Feftum novem
lectionum. SEMIDUPLEX.

Et paulo infra.

Quinto Idus Septembris Depofitio beati A U D O M A R I Confefforis
atque Pontificis. FESTUM QUADRUPLEX. . . .

Calix fancti Audomari ftat fuper medium altaris . . . fertur incenfum
primo ad altare majus & minus , deinde ad Tumbam fancti Audomari.

LXXVIII.

Ex veteri Necrologio Ecclesiæ sancti Audomari.
September.

Nonas ... Depositio sancti Bertini , Duplex. XXIV.
ꝟ de Festo sancti Bertini fundatum per Dominum Michaelem Fichefache assignatum apud .... & Clocmanus percipiet xij denarios pro pulsatione *novi Duplicis.*

Michel Fichefache fondateur de ce nouveau Double mourut en 1415.
On le prouve par le Titre suivant qui est de deux ans après sa mort.

Lettres de décharge données aux Exécuteurs Testamentaires du
Sieur Fichefache.

.. ... Mayeur & Eschevins de la ville de Saint-Omer salut. Comme
feu Sire Miquiel Fichefache Prêtre par son testament, devis & ordonnance de derraine volonté eust le residu de ses biens ordonné être distribué . .
& nous est apparu par leurs mises & les verifications d'icelle .... que par
raison ils en sont & doivent être quittes & déchargiés ...... le 17 jour
d'Août l'an 1417.

LXXIX.

Extrait de Lettres de compulsoire obtenues , pour les Prevôt ,
Doyen & Chapitre de Saint-Omer.

J Ehan Gloriant Lieutenant de Monsieur le Prevôt de Monstreil sur K.
Mer , Commissaire du Roi en cette Partie ..... le 7 dudit mois
d'Octobre (1470)..... Je me transportay audit Monastere de Watenes scitué à deux lieues de ladite ville de Saint-Omer .... je fis
commandement de par le Roi, notre Sire , audit Doyen , & plusieurs
Religieux d'icelle Eglise .... lesquels..... nous délivrerent ung grand
& tres anchien Livre en parchemin...... de moult anchienne lettre ,
au troisieme feuillet duquel Livre..... a eté extrait & collationné ,
present lesdits Prieux de saint Bertin & maitre Antoine de Tramecourt ,
Chantre & Chanoine de saint Omer, ce qui s'ensuit : Anno Domini ......
mxcviii Dedicatio hujus Ecclesiæ...... affuerunt etiam CANONICI
SANCTI AUDOMARI & *Canonici Teruanenses* , cum corporibus sanctorum
Audomari & Maximi Episcoporum , Abbas sancti Bertini cum corpore
sancti Folquini Episcopi.

LXXX.

Chartre concernant l'ostension & la verification du Corps de
saint Omer en 1324. en 1269. & en 1052.

U Niversis Christi fidelibus & devotis Gilbertus de sancta Aldegonde, VII.
Decanus, totumque Capitulum Ecclesie sancti Audomari Morinensis Diocesis.... Nuper dum... anno Incarnationis Dominice mill. trec. vj-

cesimo quarto, quinta-decima die mensis Septembris... ad nostrum perve-
nisset auditum, quod religiosus vir **Dominus Henricus** permissione divina Abbas sancti Bertini... predicabat ac predicari mandaverat & man-
dabat quod ipse cum suis Monachis venerandum corpus sancti Audomari in quodam dicti Monasterii feretro invenerat, quodque corpus &
ossa... intendebat Dominico die sequenti velut verum ipsius sancti corpus
figmentis variis exquisitis in deceptionem populi publice & solemniter
in Ecclesia sancti Bertini predicta cum processione & aliis solemnitatibus *pontificaliter quantum in se erat* * & poterat per se & alios indebite
& de facto publice venerari, ad comprobationem tanti negotii unam
dumtaxat nudam & privatam cedulam absque aliis indiciis pretenden-
do, Nos... nolentes quod tantus error pullularet in populo, eodem die
Dominico hora Prime, cum Majoribus & Scabinis Ville sancti Audomari
& aliis prudentibus religiosis viris, qui nobiscum convenerant, & errorem hujusmodi abhorrebant, communicato consilio, ad Basilicam** in qua
Corpus ipsum in nostra Ecclesia in quodam magno & honorabili feretro
requiescit, accessimus, cum magna reverentia timore pariter & honore,
& ut obviaremus errori, quem dictus Abbas in populo seminaverat, ut
ipsum populum retraheret ab antiqua & solita devotione quam idem
populus erga dictum Sanctum & Ecclesiam nostram in cujus nomine ipsa
Ecclesia consecrata est, consuevit habere, prefatum feretrum quod sa-
num & in presentia infra scriptorum Majorum & Scabinorum Ville san-
ti Audomari & multitudinis populi adstantis ibidem cum infrascriptis
Ecclesie Concanonicis nostris, Religiosis & Tabellionibus publicis quos
tunc habere potuimus propter temporis brevitatem, protractis Cam-
nis nostre Ecclesie, & alta voce laudes ipsius Corporis sancti cantantes,
in Dei & ipsius sancti nomine aperiri fecimus reverenter, & dum post
aperturam hujusmodi nostrum intra dictum feretrum verteremus in-
tuitum respicientes unam cassam ibidem exiltere in quodam panno serio
viridi involutam præcinctam gemina ligatura sigillatamque desuper sigillis magno & rotundo Ville & Communitatis Ville sancti Audomari,
quod sigillum dicti Scabini publice cognoverunt, Dominique Adenulphi quondam nostri Prepositi nostrisque & Ecclesie nostre in hujusmodi
legaturis... Solutis hujusmodi ligamentis cum integritate sigillorum re-
pertorum, ibidem alium album pannum invenimus conceratum, & post
ipsum, cassam ipsam circulis ferreis grossis & fortibus adeo conclavatam,
que sine circulorum declavatione aperiri non poterat, nec intra videri,
propter quod de certis locis circulorum hujusmodi, minus tamen quam
potuimus, clavos evulsimus, & aperta cassa predicta invenimus corpus
ipsum quodam nobili panno serico rubeo involutum & ad modum infas-
ciati pueri pluribus sigillis autenticis una cum sigillo Communitatis Ville
sancti Audomari in pluribus ligaturis fideliter sigillatis & duo paria Litterarum autenticarum que de presentia ipsius corporis sanctissimi fidele
testimonium perhibebant, quarum tenores de verbo ad verbum inferius
annotantur : quas etiam dicto populo legi & publicari fecimus, & easdem
exponi in Idiomatibus Gallico & Flaminge tam infra Chorum dicte Ec-

clesie quam super Dossale : que omnia sicut premittitur fideliter sigillata universo populo ostendimus & ostendi fecimus... Ipsum sanctissimum Corpus ad altare majus cum veneratione reportavimus, & ipsum in dicta cassa reponentes eandem reclavavimus dictis duobus pannis revolvimus & imposuimus feretro magno unde ablata fuerat, ipsumque feretrum reclusimus, & super ipsum altare sigillatum sigillis quatuor videlicet sigillo Decani nostri ac sigillis Dominorum Jacobi & Baldewini de Divernia fratrum, & Johannis dicti Bonenfant, Majoris & Juratorum tunc Ville Sancti-Audomari ex certa scientia dimisimus ad certificandum tam predictum Dominum Abbatem quam Conventum sancti Bertini, seu alios quoscumque, qui super hoc possent aliquatenus hesitare. Ceterum die crastina adveniente accersitis dictis honorabilibus viris Majoribus & Scabinis Consilioque eorumdem nobiscum in dicto Capitulo nostro congregatis, habito cum iisdem diligenti tractatu quid super facto predicto nobis restaret agendum, deliberatum est inter nos & ipsos unanimiter ut nos & ipsi simul & semel dictos Abbatem & Conventum predictos adiremus causa monendi caritative ipsum Abbatem.... Hec autem requisitio seu monitio facta fuit dicta die tunc septima decima mensis Septembris, presentibus Religiosis viris.... Adveniente vero die Martis immediate sequenti videlicet octava decima dicti mensis Septembris nobis Decano & Capitulo, una cum Majoribus, Scabinis ac Consilio ville predicte in Capitulo nostro congregatis presente eminentis autoritatis ac circumspecte discretionis Domino Reverendo Domino Ferrico de Hiricione Ariensis Ecclesie venerabili Preposito qui super premissa prout gesta fuerant fideliter informatus, Ecclesie nostre, ac toti ville Sancti-Audomari in hoc pie compatiens ad dictum Capitulum nostrum accessit & ibidem omnia & singula prout facta fuerant prudentius repetiit condolendo, inducens & suadens ut ad majorem rei evidentiam & totius populi certitudinem pleniorem, ipsum sanctissimum corpus gloriosissimi Patroni nostri iterato palam ostenderetur populo & reponeretur in locum unde prius fuerat ablatum, cum securum non esset thesaurum tam pretiosum & venerabile, quod jam tamdiu super dictum altare remanserat, in loco diutius dimittere minus tuto, demum ipsius venerabilis Domini Prepositi prudentiore freti consilio ad dictum feretrum una cum ipso ac Majoribus & Scabinis predictis cum timore ac reverentia quibus decuit accedentes, vocatis ad hoc Tabellionibus & pluribus aliis fide dignis, reperientes dicta quatuor sigilla sana & integra, eadem amovimus, dictum feretrum aperuimus & cassam interius repertam extraximus, pannos circumvolutos amovimus, ipsamque declavavimus & aperuimus, & ipsa aperta in eadem corpus sanctissimum sigillis predictis autenticis sigillatum una cum litteris predictis invenimus ut prius, ipsumque sanctissimum corpus infasciatum ut premissum est populo infra Chorum ante altare & demum super Dossale populo extra Chorum exeunti ostendimus cum dictis sigillis autenticis intuendum ; dictas litteras super dictum sanctissimum corpus repertas, omnibus ibidem presentibus vulgariter exponendo; qua ostensione per dictum Dominum Prepositum Arien-

fem , & nos ut premittitur facta , ipfum fanctiffimum corpus ad aftare
reportavimus cum hymnis & canticis , & reclufimus in caſſa predicta
ipſamque involvimus pannis predictis, ſigilla Prepofiti Adenulphi, Thome
Decani quondam Eccléſie noſtre ac Communitatis Ville ſancti Audomari antiqua prout inventa fuerant reponentes & ipſam caſſam involutam & ligatam fecimus ſigillis Domini Prepofiti Arienſis, Decani noſtri...
in premiſſorum teſtimonium ſigillari , & ſic ſigillatam in magno feretro
deaurato recludi & firmiter reclavari, ipſumque feretrum cum devotione
maxima reportavimus , & in altum in eodem loco reponi fecimus unde
ſublatum fuerat die Dominica precedenti : Acta ſunt hæc diebus quibus . . . . . . prefentibus perſonis prenominatis & aliis quam pluribus in
teſtimonium vocatis ſpecialiter & rogatis. In quorum omnium & ſingu-
lorum teſtimonium prefens inſtrumentum fieri fecimus & ſigillis Ecclefie
noſtre unacum ſigillis perſonarum autenticarum quarum nomina inferius
in caudis ſigillorum ſuorum continentur, & ſignis Notariorum infraſcrip-
torum mandavimus appenfione muniri. Tenores autem litterarum re-
perratum in caſſa in qua venerandum corpus ſancti Audomari requieſcit
de quibus ſupra fit mentio , fecuntur in hec verba : Anno Incarnationis
Dominice milleſimo quinquageſimo ſecundo indictione quinta , regis
autem Henrici XXIII Principante Flandriis Comite Baldewino , Wido
Remeẽſis Archiepiſcopus Sithiu adiens cauſa levandi ſanctum Bertinum
oſtendit quoque populo Sanctum Audomarum ; nam invento corpore
ſancti Bertini Abbatis , fama plus proh dolor falſi quam veri nuncia
circumquaque diſſeminavit corpus quod pro ſancto Bertino prius in
feretro celebrabatur fuiſſe ſanctum Audomarum ; quam rem Canonici
indigne ferentes ut pote quos animabant certiſſima indicia corporalis prefentie ipſius ſancti ceu poteſt in vita ejuſdem , ſanctique Folquini apertiſ-
fime videri , miracula etiam ad eandem rem pertinentia , predictum Ar-
chiprefulem adierunt ſupplicantes ut hunc errorem populi deſtrueret ,
quod & fecit , juxta petitionem oſtendendo ut predictum eſt ipſius ſancti corpus populo , aliaque ad certitudinem rei pertinentia manifeſtando
die quinta nonarum Maii. Actum Monaſterio Sithiu quod eſt conſecra-
tum in honore Dei Genitricis Marie , ſanctique Audomari, tempore
Balduini Prepofiti , jubente Comite Baldewino & adſtante uxore ejus
Adela, prefente & confirmante Domino Epiſcopo Drogone cum Archidiacono ſuo Johanne etiam Abbate ſancti Reinigii Hermaro , ſimiliter *Abbate ſancti Eertini Bovone cum ſuis Monachis qui hoc negecium
moleſte ferebant* Abbate etiam ſancti Ricarii Gerwino , ſimiliter
. . . . . . Notum ſit etiam omnibus hoc geſtum eſſe quinto anno Domini Leonis Pape ; ſigillatum eſt autem Corpus beati Audomari annulo
Capelle Remenſis Eccleſie & ſigillo Domini Pontificis Drogonis. Item
notum ſit omnibus tam prefentibus quam futuris quod nos Adenulphus
divina permiſſione Prepofitus, Thomas Decanus , totumque Capitulum
Ecclefie ſancti Audomari Morinenſis Diocefis , frequentibus clamoribus
& precibus cleri & populi Ville Sancti-Audomari ac locorum vicinorum
excitati anno Domini milleſimo ducenteſimo ſexageſimo nono in vigilia
.Exaltationis

Exaltationis fanĉte Crucis cum magna reverentia timore pariter &
honore licet indigni , divina tamen mifericordia confidentes ad Bafili-
cam * in qua corpus beati Audomari Patroni noftri in Ecclefia noftra re-
quiefcit accedentes , invenientefque in eadem corpus ejus integrum abfque
perditione alicujus membri , caput fupradiĉti Patroni noftri à diĉta Bafilica amovimus , totum refiduum corpus in eadem Bafilica cum magna
honorificentia , cum Litteris Guidonis Remenfis Archiepifcopi ac figillis & fcripturis que ibidem invenimus fideliter reponentes , ac figillis
Capituli noftri & Communitatis Ville Sanĉti-Audomari figillantes , ad
perpetuam autem rei gefte memoriam prefentes litteras figillis noftris
videlicet noftri Adenulphi Prepofiti, Thome Decani, Simonis Cantoris....
una cum figillo Scabinorum & Communitatis Ville Sanĉti-Audomari
fecimus roborari. Ad hoc autem faciendum fuerunt prefentes Majores
& Scabini Ville Sanĉti-Audomari videlicet Johannes de Sanĉta Alde-
gunde, Johannes de Divernia, Majores tunc temporis: Johannes Alberti...
& alii Scabini ejufdem temporis: fuit etiam prefens nobilis vir Dominus
Guilielmus de Provinaco Miles illuftris viri Domini Roberti Dei gratia
Comitis Attrebatenfis , una cum Ballivo fanĉti Audomari , interfuit
preterea venerabilis vir Guilielmus de Oya Abbas fanĉti Bertini qui una
cum prediĉtis has Litteras figillo proprio figillavit. Datum anno & die
prediĉtis regnante Ludovico Rege Francorum illuftri, dominante in Villa Sanĉti-Audomari Roberto Comite Attrebatenfi , Nepote diĉti Regis,
vacante Sede Apoftolica ac etiam Morinenfi , & ego Guilielmus de Cla-
romonte publicus Imperiali autoritate Notarius premiffis omnibus .... &
ego Nicolaus de Efquerdes de fanĉto Audomaro Morinenfis Diocefis publicus Imperiali autoritate ... & ego Gofridus de Pernis Clericus Morinenfis Diocefis publicus , &c,

* Voyez la
Note précé-
dente fur la
même mat.

Lettre de Mehault Comteffe d'Artois de l'an 1324.

NOus Mehault Comteffe d'Artoir & de Bourgoigne Palatine, &
Dame de Salins, faifons fçavoir à teus ceulx qui ces préfentes Lettres verront & oiront que nous , par la grande dévotion que nous avons
au Corps faint de Monfieur faint Omer, venifmes en l'Eglife dudit Saint
le quatorziéme jour du mois d'Oĉtembre l'an de grace mil III^c. vingt-
quatre , pour ce que fi comme nous avions entendu grant multitude de
peuple, tant de notre Ville de Saint-Omer, comme des Lieux voifins,
s'étoient là affemblé pour veoir le Corps dudit Saint , que li Chanoine
de ladite Eglife debvoient monftrer au pœuple , & là en la préfence de
nous & du peuple qui là étoit affemblé fu apporté fur le grand Autier
de ladite Eglife par les Chanoines de Cayens , & le Mayeur & aulcuns
des Echevins de notre dite Ville de Saint-Omer, une chaffe en quoi li
dit Chanoine difoient que li Corps dudit Saint etoit, & en notre préfence
& en la préfence de ceulx qui entour étoient qui fe pooient veoir fu ladite
Chaffe ouverte , & de ladite Chaffe fu trais uns efcrins de bois ferés de
bande de fer , & ledit efcrinet ouvert , nous & tous ly peuples d'entour

IX.

veiſines dedens ledit eſcraing geſir ledit Corps Saint envelopé de drap de
Soye , & loyé en pluſieurs lieux de loyens de drap de ſoye & de fil , &
étoient chil loyen ſcellé ſi comme il nous apparut des ſceaulx de l'Archevêque de Rheims Guyon qui adonc étoit dou ſcelle de la Chapelle de Rhains
dou ſcelle l'Evêque de Therouenne Drewe & dou ſcelle de la Communau-
té de la Ville de Saint-Omer, la verité de laquelle choſe nous apparut
par deux paires de Lettres qui en notre préſence & en la préſence dudit
peuple furent traites & miſes hors dudit eſcraing, dont l'une deſdites
Lettres étoient ſcellées ſi comme il étoit contenu dou ſcelle de la Chapelle de Rains , & contenoient ladite Lettre en ſubſtance comment lidis Archevêque de Rains Guys vint à la Ville de Saint-Omer , qui adonc étoit
appellé Sithiu , pour lever le Corps ſaint Bertin , & montra adonc le
benoit Corps de Saint Omer en ladite Egliſe de Saint-Omer, au peuple,
préſent adonc le Comte Bauduin de Flandre & Dame Adele ſa femme,
l'Evêque de Therouenne Drewe , l'Abbé Beuve de ſaint-Bertin , & pluſieurs aultres Abbés , & l'autre Lettre étoit ſcellée de pluſieurs ſceaulx,
c'eſt à ſçavoir de Adenouſle adonc Prévôt de Saint-Omer, Thomas
Doyen de ladite Egliſe Simon Chantre & d'aultres pluſieurs Chanoines de ladite Egliſe , avec le ſcellé du Mayeur, des Eſchevins & de la
Communaulte de notre-dite Ville de S. Omer , & avec le ſcelle de Willame de Prunay Chevalier Lieutenant adonc de Monſieur Robert de Bonne-
Memoire , Comte d'Artois notre très-chier Seigneur & Pere que Dieu
abſolve , & avec le ſcelle des Religieux hommes Willame dit de Oye ,
adonc Abbé de ſaint Bertin , & étoit contenu en ladite Lettre comment
ledit Prévôt Adenouſles, Thomas Doyen & ly Chapitres de ladite Egliſe de Saint-Omer en l'an de grace mil deux cent ſoixante-neuf, la Vige-
le de le Exaltation de ſaine Croix appellé Mayeur & Eſchevins de notredite Ville de Saint-Omer , ledit Willame Abbé de ſaint Bertin , &
grant plente d'autres bonnes gens allerent à la Fierte dou Benoiſt Corps
Saint Omer , là trouverent entierement ſans défaut de nulle membre
& en oterent le Chief pour mettre en or & en argent pour l'honneur & la
réverence dudit Corps Saint , auſquelles Lettres & témoignage nous
ajoutons plainne foy , & pour ce nous & tous ly peuples qui là étoit
aſſemblé, aouraſmes ledit Corps Saint à grant dévotion & à grant réverence , ainſi comme il appartenoit , & pour ce que ou temps advenir eſ-
clandres ou erreurs ne puiſt de ce naitre ou peuple , nous avons ces Lettres ſcellées de notre ſcelle, voulu & commandé à mettre & être gardées
pordevant ledit Corps Saint , en témoignage de verité des choſes deſſuſ-
dites donné l'an & le jour deſſuſdit.

LXXXI.

Sommation faite à l'Abbé de ſaint Bertin en 1464.

VII. ..... Sit notum quod anno ejuſdem Domini milleſimo quadringen-
teſimo ſexageſimo quarto menſis Septembris die quarta . . . . .

eo quod . . . . . . Abbas Monasterii sancti Bertini . . . . dixerat
quod intentionis erat Deo duce die beati Bertini ex tunc sequente aperiri
facere certam capsam in suo pretacto Monasterio existentem in qua cre-
debat esse Corpus beati Audomari . . . . . prefati Domini de Capitulo inter se concluserunt aliquos de suo Capitulo ad prefatum Reverendum in Christo Patrem mittere . . . . in mei
Notarii publici & testium infra scriptorum ad hoc vocatorum & roga-
torum presentia personaliter constituti venerabiles viri Domini Petrus
Pauchet, & Nicolaus Sauvaige Canonici prenominati predicto Reverendo in Christo Patri credentiam per Dominos de Capitulo jam dicte
Ecclesie sibi Commissam & superius expressam litteras & instrumenta
de premissis mentionem facientia ad legendum demonstrandum & traden-
dum exposuerunt & declaraverunt . . . . . summando eundem Reverendum in Christo Patrem ne in premissis aliquid faceret in prejudicium
sueEcclesie protestando si secus faceret sibi super hoc de remedio provideri
opportuno. Ex quibus omnibus & singulis prefati Domini Canonici petierunt à me Notario subscripto sibi fieri atque tradi instrumentum publicum &c.

Autre Sommation aux Evèques d'Amiens & d'Arras au même sujet.

. . . . . . Sit notum quod anno ejusdem Domini millesimo quadringentesimo sexagesimo quarto mensis Septembris die quinta . . . .
in Reverendorum in Christo Patrum Dominorum Guiliermi Tornacén
Abbatis Monasterii sancti Bertini ville sancti Audomari Ferrici de Bauvoir
Ambianén & Petri de Rausicourt Attrebatensis Episcoporum multo-
rum Abbatum & Prepositorum & aliorum Prelatorum Regularium &
Secularium territoriorum seu dominiorum domini nostri domini Ducis
Burgundie meique Notarii publici & testium subscriptorum presentia
personaliter constituti venerabiles & circumspecti viri Domini ac Magistri Nicolaus Bouret Johannes Bomele decretorum Doctor , & Hugo de
Monchy in utroque Jure Licén Canonici prebendati Ecclesie Collegiate
sancti Audomari de sancto Audomaro Morinensis Diœcesis & per organum prefati Johannis Bomele predictis Reverendis in Christo Patribus &
Dominis Ambianén & Atrebatén Episcopis & aliis Prelatis exposuerunt
quod eadem die que est dies depositionis beati Bertini predictus R. in
Christo Pater Dominus Episcopus Tornacen & Abbas dicti Monasterii
beati Bertini post Translationem venerandi Capitis beati Bertini de uno
vase in aliud certam capsam aperiri fecerat de qua plura ossa extraxerat
ea sigillatim ostendendo dicendo & verbaliter publicando illa esse ossa
de Corpore venerandi sui Patroni beati Audomari dudum Morinen.
Episcopi nulla tamen auctoritate munimento aut robore valid. quibuscumque talia esse confirmans excepta nuda cedula sine data nullo signo
aut sigillo roborata quam cedulam in eadem reperit ut asserit continen-
tem ut fertur : Hic est magna pars Corporis beati Audomari coram pre-

VIII.

fatis Reverendis Patribus alta voce & intelligibili lecta prout Dominis
de Capitulo Ecclesie sancti Audomari predicte Decano absente per fide
dignos relatum extitit in magnum scandalum dicte sue Ecclesie , angu-
stiam populi dicte ville sancti Audomari & villarum vicinarum & scandalum fidei ac devotionis detrimentum & gravamen non modicum re-
quirendo & nihilominus sommando prelibatos Dominos Episcopos alios-
que Prelatos quoscumque ne talem ostensionem vanam & contra veritatem in prejudicium dicte sue Ecclesie & gloriosi sancti Audomari sui patroni injuriam aliquibus signis aut sigillis aut alio quocumque muninime
roborarent aut certiorarent seu tamquam veram confirmarent protestando de nullitate dicte ostensionis tempore & loco . . . . prenominatus Reverendus in Christo Pater Dominus Dominus Episcopus Ambianen. motu
proprio certis de causis animum suum moventibus expresse declaravit
quod ad Monasterium predictum dumtaxat advenerat ad interessendum
Translationi dicti Capitis beati Bertini nec aliquid sciebat de ostensione
eorum que erant in capsa predicta & quod de eadem nihil approbaret
roboraret aut certioraret presentibus ad hec nobilibus viris Jacobo de
Sancta Aldegonde domino de Nortqlmes , Allardo de Rabaudinghes
Baillivo Ville predicte sancti Audomari Militibus & multis aliis testibus
ad hec vocatis & rogatis , scilicet die crastino qui fuit dies sexta dicti
mensis Septembris post decantationem matutinarum in Ecclesia sancti
Audomari predicta domini Canonici ejusdem Ecclesie Decano absente
una cum Scabinis Ville predicte gerentibus clavem repositorii in quo est
venerandum caput beati Audomari ut asserunt dicti Domini Canonici
ac dicti Scabini illud descenderunt & super altari dicte Ecclesie presente
Clero ipsius Ecclesie aperuerunt & nudum caput ac totum excepta inferiori mandibula prefatis Reverendis in Christo Patribus Ambianen. &
Atrebaten. Episcopis, Abbatibus & aliis Ecclesiasticis viris ac populo dicte
Ville cum fervore magne devotionis ad pulsum Campane more solito ut
apparebat concurren. demonstraverunt, ipsumque caput nudum Prefati
Domini Prelati & alii facta veneratione decenti osculati fuerunt sepe dictis
Dominis Canonicis declaran. non verum fuisse id quod die sancti Bertini
predicta dictus Abbas sancti Bertini publicaverat dicendo in sua capsa
reperisse testam capitis beati Audomari , & Canonici Ecclesie sancti Audomari habere partem anteriorem dicti capitis cum inibi totum caput
videlicet testam & partem anteriorem cum aliis partibus capitis excepta
mandibula inferiori concernerent . . . se habere sine exteriori ligamine, presentibus , &c.

LXXXII.

*Arrêt du Parlement de Paris qui omologue l'accord fait entre
l'Eglise de saint Omer & l'Abbaye de saint Bertin en* 1495,
pour terminer le Procès touchant le corps de saint Omer.

IX. Carolus Dei gratia Francorum Rex , universis presentes Litteras in-
specturis salutem notum facimus, quod de licentia & authoritate

noftre Parlamenti Curie ac mediantibus Litteris noftris hunc tenorem con-
tinentibus. Charles par la grace de Dieu Roy de France … donnons &
octroyons congez & licence de accorder, tranfiger, appointer, enfemble
de, & fur led. Procès principal & Appel fur icelui leurs dependances
& appendances, & d'elles departir de Cour fans amende pourveu… qu'elles
raporteront par devers notredite Cour l'accord tel qu'elles auront faites
entre eulx … donné à Paris le vingt-nœuvieme jour d'Avril l'an de gracè
mil quattre cent quattre-ving quinze… concordatum & pacificatum extitit
prout & quemadmodum inferta papiri fcedula per dictas partes aut dictos earum procuratores unanimiter & concorditer dicte noftre Curie tra-
dita continetur cujus accordi fcedule tenor talis eft: Comme pour raifon de ce que les Prevoft, Doyen & Chapitre de l'Eglife Collegiale de
faint Omer … pretendoient avoir en leur Eglife en certaines
Fiertres ou Châffes tout le corps du glorieux Saint & Confef-
feur Monfieur Saint Omer, & que les Religieux, Abbé & Convent de
de fain Bertin oudit Saint-Omer pretendoient au contraire en avoir partie
en certaine Châffe ou Fiertres etant en leur Eglife ou Monaftere & dont
ils difoient aparoir par plufieurs Lettres & Ecritures fort anciennes & aultres Inftuments auctentiques, foit ja pieca & de long temps mut procès…
Lefd. Parties font d'accord en la maniere que s'enfuit: Pour mettre en
bonne union & concord, Reverend Pere Monfieur le Prevoft, & Venerables Perfonnes les Doyen & Chapitre de l'Eglife Collegiale de faint
Omer, d'une part; & Reverend Pere en Dieu Mr. l'Abbé & Venerables
& devotes Perfonnes les Religieux & Convent de faint Bertin aud. Saint-
Omer, d'autre, & les mettre hors de Procès… lefd. de faint Bertin feront
ofter de la fufditte Châffe ledit Image de faint Omer, enfemble les pla-
tinés & efcritures tant dehors que dedans, & ne pourront porter lefd. de
faint Bertin la Châffe deffufditte, ne les Offements qu'ils y entendent
etre, pour raifon defquels étoit queftion en Proceffions generales ne particulieres, ne en faire aucune oftenfion pour bailler occafion ou caufe
de murmure au peuple … & en ce prefent accord continueront pour le
temps advenir fans lors, ne pour led. temps advenir plus ufer par lefd.
de faint Bertin de proteftation ne d'aultres chofes derogeant aufd. union
& concorde … & feront tenues chacune defd. Parties tenir ce qu'ils en
diront, comme par Arreft… fait & paffé en Parlement … le dernier
jour d'Avril l'an mil IIII^C. quattre vingt quinze. Ad quod quidam accor-
dum ac omnia & fingula in eo contenta fpecificata & declarata firmiter
& inviolabiliter obfervandum Prefata Curia noftra … partes predictas …
per Arreftum condemnavit & condemnat, ac ea ut Arreftum ejufdem Curie noftre teneri, exfolvi firmiterque ac inviolabiliter obfervari & executioni demandari voluit & precepit…. In cujus rei teftimonium noftrum
prefentibus Litteris juffimus apponi figillum. Datum Parifiis in Parlamento noftro ultima die Aprilis anno Domini millefimo quadringen-
tefimo nonagefimo quinto, & regni noftri duodecimo..

Ordonnance pour l'exécution de l'Arrêt précedent.

IX. CArolus Dei gratia Francorum Rex, Baillivo Ambianenſi Prepoſi-
toque de Monſterolio aut eorum loca tenentibus, nec non primo
Parlamenti noſtri Hoſtiario vel Servienti noſtro qui ſuper hoc require-
tur ſalutem, ad ſupplicationem Prepoſiti Decani & Capituli Eccleſie
ſanſti Audomari in Sanſto-Audomaro, vobis & veſtrorum cuilibet tenore preſentium committimus & mandamus, quatenùs viſo accordo inter
eoſdem ſupplicantes ex una, & Religioſos, Abbatem & Conventum ſanſti
Bertini in Sanſto-Audomaro ex altera partibus faſto, & per ipſas partes aut earum Procuratores in noſtra diſti parlamenti Curia die date
preſentium paſſato, & per ejuſdem Curie noſtre Arreſtum corroborato
& omologato, illud juxta ſui formam & tenorem in his que executionem requirunt executioni debite demandetis...... Datum Pariſius
in Parlamento noſtro ultima die Aprilis anno Domini milleſimo cccc.
nonageſimo quinto & regni noſtri duodecimo.

LXXXIII.

*Procès-Verbal fait par Monſieur Haberge, Conſeiller au Par-
lement, au ſujet de l'ouverture de la Châſſe de ſaint Omer, &
des-Extraits des Autentiques qui y furent trouvées.*

IX. . . . . Ledit jour & fête de l'Aſſomption,
nous tronſportâmes en ladite Egliſe de ſaint Omer... montâmes ſur ung
hourt ou eſchaffau que leſdits de Chapitre avoient fait faire en la nef
de ladite Egliſe... ſur lequel hourt étoient Reverend Pere en Dieu l'Evêque de Gebelde, les Prevôt, Chantre & Chanoines de ladite Egliſe,
le Bailly, Mayeur & Echevins de ladite Ville. . . 1 . & pluſieurs
autres notables Hommes juſqu'au nombre de cent ou ſix vingt perſonnes, & comme ou milieu dudit hourt ſur une table dreſſée fut ſolemp-
nellement apporté la Châſſe en laquelle leſdits de ſaint Omer dient
etre le corps de mondit Seigneur ſaint Omer, & tantoſt apres Frere
Jacques Paoul & Roullan du Rive Religieux de ladite Abbaye & Maitre
Guillaume Wilde Procureurs ſuffiſament fondez pour leſdits de ſaint
Bertin vindrent en ladite Egliſe & monterent ſur ledit hourt, & en leur
preſence & de tout le peuple qui illec etoit aſſemblé juſqu'au nombre
de dix à douze mille perſonnes, recitâmes la cauſe de notre venue &
de l'aſſemblée qui lors étoit en ladite Egliſe, enſemble le demené du Procès pendant entre les Parties, & en effet comme la Cour avoit ordonné
que ouverture ſeroit faite deſd. Châſſes par ung Evéque ou aultre qu'il
appartiendroit, preſent ou appellé leſdits de ſaint Bertin, laquelle ouverture faite, collation ſeroit faite par l'ung des Conſeillers de lad. Cour
des Bulles & Lettres etans encloſes eſdites Châſſes . . . . &
pour ſcavoir ſi aucune ouverture ou inciſion y avoit eté faite, viſitâmes
lad. Châſſe aux deux cottez & deſſus, & icelle trouvâmes ſain & en-

tierre. . . . . & entre les ligatures & led. petit coffret etoient encloſes & enclavées certaines Lettres authentiques . . . . & le
lendemain ſeiziéme jour dúd. mois environs deux heures apres diner,
comparantes devant nous leſd. Parties, c'eſt à ſcavoir les Chantre &
Scribe de lad. Egliſe pour leſd. de Chapitre, & leſd. Jacques Paoul &
Rollan du Rive Religieux de lad. Abbaye, & auſſi Guillaume Wilde,
Procureurs deſd. Religieux, Abbé & Convent de ſaint Bertin : leſd. de
Chapitre exhiberent & mirent en nos mains les Lettres dont ci-apres
eſt faite mention, en nous requerant que icelles Lettres voulſiſſions col-
lationner aux originaux, en obtemperant a laquelle Requeſte luſmes la
Lettre *Notum ſit omnibus* & finiſante, *vacante Sede Apoſtolicâ at Eccleſie Morinenſis*, laquelle Lettre etoit ſcellée de dix ſceaulx, entre leſquels etoit le ſcell de l'Abbé de ſaint Bertin & le tiers en l'ordre deſd.
ſceaulx, led. ſcel montraſmes auxd. Procureurs qui le lurent & y avoit
à l'entour d'icelui en empreinte ce qui ſuit, *S. Guillelmi Abbatis
ſanĉti Bertini*, apres fut par nous collationné la Lettre commençant
anno Incarnationis Dominice ML I°, & finiſſant *Domini Pontificis Drogonis*, ſcellé d'ung petit ſcel tant ſeulement empreint d'une Chapelle ou
tour a une fleur de lys au-deſſous, item la Lettre en laquelle y avoit douze
ſceaulx pendant qui ſont deſſus declarez, à laquelle Lettre ſont incorpo-
rées de mot à mot les deux precedentes, toutes leſdites trois Lettres
trouvées & prinſes le jour precedent en lad. Châſſe & levées publiquement, ... & le Vendredy enſuivant qui fut ledix-huitieme
jour dud. mois, nous tranſportaſmes derechef ſur ledit hourt, ſur
lequel etoit led. Evêque, accompagné de l'Abbé de Clermarez, le
Prevoſt de Watten, des Chanoines de lad. Egliſe, Mayeur & Echevins,
& aultres en grand nombre, & pour ce que le jour & feſte de l'Aſſomption
toutes Reliques avoient etez par led. Evêque encloſes aud. petit coffret
ſcellé de divers ſceaulx, icelui Evêque le ouvrit & deſcella afin de icelles
Reliques remettre aud. coffret avec les originalles Lettres par nous colla-
tionnées, & tout en la forme & maniere que trouvé avoit eté, & en le
faiſant furent remiſes en notre preſence leſd. Lettres . . . . . . & finalement le Samedy dix-neuvieme jour dud. mois nous tranſportaſmes en
led. Egliſe de ſaint Bertin, en laquelle trouvaſmes Reverend pere en Dieu
l'Evêque de Tournay, Abbé de ladite Abbaye qui etoit *in Pontificalibus*
accompagné...& en notre preſence & auſſi deſd. de Chapitre fut deſcendu
la Châſſe en laquelle leſd. Religieux pretendoient etre partie du Corps
Monſeigneur ſaint Omer . . . . & a l'ung des coings de lad. Châſſe
trouvaſmes une petite plataine aſſez largette clouée de huiĉt cloux d'or
en laquelle etoient ecrits les vers qui s'enſuivent, *Hic Audomari venerabile Corpus habetur*, *Qui dudum Morinis Preſul erat celebris*; & à l'endroit du mellieu dud. coing eſt en pourtraiture Monſieur ſaint O-
mer, & au-deſſous eſt ecrit en une autre plataine clouée de ſix cloux
d'or en Lettre d'or, *Sanĉtus Audomarus Epiſcopus*. Leſquelles plataï-
nes, enſemble leſd. vers, pourtraiture & eſcripture, leſd. de Chapi-

tre maintenoient estre fait depuis cinquante ans en ça , lesd. de saint Bertin disant & affirmant ce que dessus avoir eté escript & pourtrait ou coing de ladite Châsse de toute anciennetée . . . . & a l'ung des cottez de ladite Châsse etoit escript ce qui s'ensuit : *Reliquie Sanctorum qui in hoc vase continentur de sepulchro Domini , & de sepulchro Matris Sancte Marie Virginis , de pulvere sancti Johannis-Baptista , de barba & vestimentis Petri Apostoli ;* & à l'entour dud. cotté y a empreintes de six Apostres . . . . . à l'autre des cottés d'icelle Châsse etoit *Due Virgines ex undecim millibus , de sancto Walberto Columbano Eustatio , de sancta Martha , de sancta Cecilia , de sputo Domini , de Tunica inconsutili , de sanctis Martyribus Mauritio sociisque ejus ,* & six Apostres à l'entour . . . . en temoing desquelles choses , &c.

LXXXIV.

Préambule du Procés-Verbal de l'ouverture des Châsses du Corps & du Chef de S. Omer faite par l'Evèque de Gebelde Suffragant de Terouane en presence de M. Haberge en 1469.

IX. . . . . . . Johannes Dei & Apostolice Sedis gratia Episcopus Gebeldensis in civitate Morinensi residens , salutem in Domino. Cum inter venerabiles & circumspectos viros Dominos Prepositum & Capitulum Ecclesie Collegiate sancti Audomari . . . . ex una , & religiosos viros Dominos Abbatem & Conventum Ecclesie seu Monasterii S. Bertini . . . partibus ex altera . . . lis & controversia seu questionis materia . . . demum ad venerabilem Curiam Parlamenti Parisiùs devoluta & indecisa pendens existat Curiaque ipsa . . . litteras compulsorias ad Requestam ipsorum Prepositi & Capituli litteratorie porrectam concesserit , ipsisque Dominis Preposito & Capitulo ad super premissis veritatem investigandum capsis seu feretris in quibus ipsi caput & ossa corporis dicti gloriosi Episcopi & Confessoris Audomari fuisse & esse reclusa , per Antistitem Catholicum auctoritate Apostolica Commissum & Deputatum apertis litteras , acta instrumenta , & alia legitima documenta ipsis Abbate & Conventu sancti Bertini debite vocatis visitando & Vidimus seu veras copias earumdem penes Curiam ipsam reportando , egregium circumspectumque virum Magistrum Johannem de Haberges litteratorie deputasset & commisisset , notum igitur facimus quod anno Domini millesimo quadringentesimo sexagesimo nono , &c.

LXXXV.

Extrait de l'Instruction fournie au Procès de complainte intentée au Grand Conseil de l'Archiduc d'Autriche par le Chapitre de saint Omer , contre les Religieux de saint Bertin.

VIII. ITem que ces choses nonobstant au mois d'Aoust mil i i i i c. lxxix, il plut ausd. de saint Bertin de faire mettre en bas lad. casse comtemptieuse pour le porter a Procession avant le ville de Saint-Omer avec lesd.

Doyen

Doyen & Chapitre .... laquelle chofe venu a la congnoiffance defd. de Chapitre, ils envoyerent remonftrer aufd. de faint Bertin qu'ils avoient mal fait... leur fomant qu'ils s'en voüliffent déporter, proteftant de les faire reparer dont ils ne furent contents...

Item que lefd. de faint Omer faifant leur Proceffion en leur Patronaige, en laquelle Proceffion ils portoient les fiertes & caffes du glorieux Chief & Corps Monfeigneur faint Omer....

..... a l'entré de la rue que on dit du Mortier, ils veirent & encontrerent lefd. de faint Bertin portans entre autres chofes lad. caffe contempcieufe.

LXXXVI.

Lettres d'Antoine de Berghes Abbé de faint Bertin.

A Tous ceulx qui ces prefentes Lettres verront, Antoine de Berghes par la permiffion divine, humble Abbé de l'Eglife & Abbaye de faint Bertin en Saint-Omer, Prieur & tout le Convent de ce meifme lieu, au Saint Siege Apoftolique immoiennement fubget, falut en notre Seigneur; fcavoir, faifons que pour furnir, parvenir & mettre a execution par voye amiable le contenu ès Lettres d'Arreft parmis lefquelles ces Prefentes font infixées nous en la prefence de Reverend Pere Monfieur Jehan de Bourgoingne, Prevoft, Maître Nicole Ramber, Doyen, Prothonotaire du faint Siege Apoftolique, Maître Robert Pepin, Sire Simon de Villers, Maître Philippe de la Brique, Sire Robert Poilly & Maître Cornil Richart, Chanoines de l'Eglife Collegiale de faint Aumer oudit Saint-Omer, avons le chinquieme jour du mois de Juing an. mil cccc. quattre vingt quinze fait ofter de la châffe & fiertre etant en notre Eglife & Abbaye dont mention eft faite efd. Lettres d'Arreft, l'ymaige de faint Aumer & rompre les platines & efcriptures etans tant dehors comme dedens, fainfans mention que en icelle châffe & fiertre avoit ou euift quelques parties des offemens du Corps & du Chief de Monfieur faint Aumer fans ce que jamais les y puiffions remettre; & avons promis & promettons pour nous & nos Succeffeurs de jamais porter a Proceffions generales ou particulieres la defufd. Châffe, ne les offemens defufd. ne d'iceulx faire aucune oftenfion pour bailler occafion ou caufe de murmure au peuple, & auffi que aux Proceffions qui fe feront dorefnavant, ne uferont de proteftation ne d'autre chofe derogeant aud. Arreft, & pour donner a congnoître au peuple le union & concorde touchié aud. Arreft; nous avons le vingt unieme jour de cedit mois de Juin eté a Proceffion generale aveques lefdits de faint Aumer felon le contenu en icelui Arreft, fans avoir ufé des proteftations defufdittes, & au furplus promettons leaument & de bonne foy parvenir, obferver & entretenir led. Arreft en tous fes points & termes, fans jamais aller au contraire, vœullant & accordant ces Prefentes valoir aud. de faint Aumer, & fortir femblable effet comme fe ledit Arreft euift eté executé par voye judiciaire, le tout foubs les vœux de notre ordre &

IX.

I

foubs l'obligation & ypoteque de tous les biens & temporel de notred.
Eglife & Abbaye, en témoins de ce nous avons mis le feaulx de Nous
Abbé & Couvent à ces préfentes Lettres qui furent faites & données en
notred. Eglife & Abbaye de faint Bertin le vingt-cinquiéme jour dud.
mois de Juin audit an mil CCCC. quatre-vingt quinze ; & fur le plis
étoit écrit *De mandato Dominorum Abbatis & Conventus*, & figné HAGHE-
LEER, *cum figno manuali*.

LXXXVII.

Ex Actis judicialibus coram Abbate Clemarenfi, die xj Januarii 1574.

LXVI. NAm dicti Domini de Capitulo fcientes quod ufus ille alternativè proceffionaliter progrediendi ex mera & notoria neceffitate olim introductus fuerit, ut pote ex quo illis dum effent Collegiati in Patronatu dictorum Abbatis & Conventus proceffionaliter ire non permittebatur, nifi de ipfius Abbatis confenfu ; quæ neceffitas per hujufmodi erectionem evanuit & periit ... falfò dicti Prior & Conventus declaraverunt quod fint in poffeffione alternative procedendi poft ipfam erectionem ; quod autem illis à dictis de Capitulo ex tolerantia gratia & neceffitate conceffum fuit, id poffeffioni aut juri in argumentum aut confequentiam attribuere non poffunt dicti Prior & Conventus.

LXXXVIII.

Ex Actis Capitularibus Ecclefiæ Cathedralis fancti Audomarii Regiftro F. folio 256 recto.

Die Dominicâ, xiii menfis Septembris 1562.

XLVIII. DOmini mei deputarunt Dominos Decanum, Cantorem, & L. Militis ad communicandum cum Reverendo Domino Abbate fancti Bertini, nominato ad dignitatem Epifcopalem hujus Ecclefiæ, fuper ordine deinceps tenendo in Proceffionibus generalibus cum Religiofis dicti Monafterii, declarando quod Dominis meis ob erectionem Sedis Epifcopalis in hac Ecclefia locus fuperior ubique competit ante prædictos Religiofos, prout in ceteris Ecclefiis Cathedralibus obfervatur. *Erat fignatum* O. DE LATTRE, Not.

Poftmodum, videlicet decima fexta menfis Septembris 1562, præfati Domini deputati retulerunt Dominis meis qualiter Religiofi præfati volunt retinere ordinem & locum in Proceffionibus generalibus prout hactenus habuerunt, & non alias. Tefte ...... *erat fignatum* O. DE LATTRE, Not.

LIII. Le même Acte fe trouve au Regiftre de l'Evéché, qui commence en 1561, & qui va jufqu'en 1577.

LXXXXIX.

Ex eodem Regiſtro F. Aſtorum Capitularium , folio 256 verſo.
Die Veneris xvi i i Septembris 1562.

DOmini mei, deliberatione præhabita , ordinarunt fieri & celebrari die lunæ proxima ..... Proceſſionem generalem cum Dominis de ſanſto Bertino .... & quoad differens inter Dominos meos Decanum & Capitulum hujus Eccleſiæ ex una , & Religioſos viros Dominos Priorem & Conventum Monaſterii ſanſti Bertini ex altera , ratione Superioritatis loci & precedentiæ quam Domini mei ob novam ereſtionem Sedis Epiſcopalis in hac Eccleſia prætendunt ante diſtos Religioſos ad morem aliarum Eccleſiarum Cathedralium ; Domini .... *ad evitandum populi ſcandalum* conſenſerunt Proceſſionem generalem fieri & celebrari HAC VICE DUMTAXAT cum præfatis Dominis de ſanſto Bertino ad morem priſtinum & in ordine conſueto , datis Litteris non præjudicii per diſtos Religioſos , proteſtantes inſuper Domini per Proceſſionem hujuſmodi nullo modo præjudicari Privilegiis , Præeminentiis & prerogativis, quæ huic Eccleſiæ tanquam Cathedrali tam de jure quam conſuetudine competunt & pertinent .... quam proteſtationem Domini mei ordinarunt fieri & ſignificari præfatis Dominis Religioſis & Conventui ac Rev. Domino Abbati .... per duos Notarios Regios.

Ex Aſtis Capitularibus Eccleſiæ Cathedralis ſanſti Audomari , Regiſtro G. folio 53 verſo & 54 reſto.
Die viii Octobris 1565. ·

REceptis ...:. Litteris .... tangentibus .... liberationem Inſule Melite ab obſidione Turcarum , quibus propterea mandabatur fieri ... Proceſſiones generales , Domini mei poſt plurimas habitas communicationes cum prefato Reverendiſſimo ac Religioſis Monaſterii ſanſti Bertini, pretendentibus .... dextrum latus viciſſim cum Dominis , ut olim retinere, tandem .... *ad evitandum populi ſcandalum* accordarunt ... HAC VICE DUMTAXAT fieri Proceſſiones generales cum diſtis Dominis de ſanſto Bertino .... in ordine conſueto .... *ſub proteſtatione* expreſſe facta per Dominos meos de non prejudicando juribus & preeminentiis hujus Eccleſie .... ſed eorum jure & actione tam in *poſſeſſorio* quam in *petitorio* & alias ubique ſemper ſalvis ..ɛ quodque controverſia precedentiæ hujuſmodi .... *terminetur intra dimidium annum* ..... Signatum erat O. DE LATTRE , Scriba Capituli.

Il y a des Actes ſemblables au même Regiſtre G du 3 Novembre 1565, du 26 Avril 1566, qui ont été produits au procès.

X C.

Ex eodem Regiſtro G. Aſtorum Capitularium , folio 62 verſo.

DIe decima quarta menſis Decembris 1565 deputati ſunt Domini C. Piers Decanus , & M. Heyms Archidiaconus Flandriæ ad accedendum verſus Reverendiſſimum Dominum Epiſcopum in cenobio ſuo

LII.

LV.

LIV.

fancti Bertini exiftentem fuamque Paternitatem rogandum ex parte Dominorum, ut fi perfiftat adhuc nolle cognofcere feu judicare de differentia
precedentie in Proceffionibus generalibus inter D D. meos Decanum &
Capitulum ex una &. Religiofos conventus dicti Monafterii fancti Bertini ex altera, dignetur fubftituere feu fubdelegare aliquem feu aliquos viros, quem duxerit nominandos quibus partes fefe fubmittant, ad de predicta differentia cognofcendum & decidendum, datis per dictum Reverendiffimum Litteris recufationis hujufmodi.

Ex eodem Regiftro G. *folio* 63 *verfo.*

Die fecunda menfis Januarii 1565 , *ante Pafcha, id eft* , 1566.

LI.

DOmini Archidiaconus Arthefiæ & N. de Lengaigne , Canonici de-
puráti ex parte Capituli fuerunt , ad infiftendum verfus Reverendiffimum Dominum Epifcopum hujus Ecclefie , ut juxta fibi poteftatem
& facultatem per Decreta facre Synodi generalis Tridentine attributam
dignetur fummarie & de plano decidere controverfiam motam feu verifimiliter movendam inter Dominos meos Decanum & Capitulum hujus
Ecclefie ex una , & Religiofos Dominos Priorem & Conventum fancti
Bertini hujus Oppidi ex altera , occafione ordinis & precedentie in Proceffionibus generalibus & aliis Actibus publicis , aut alioquin fubdelegare perfonas neutri partium fufpectas feu Litteras excufationis in forma
tradere , cum caufis ob quas id facere nolit.

XCI.

*Acte donné par M . d'Hamericourt , Abbé de faint Bertin , & pre-
mier Evêque de Saint-Omer , en faveur de fon Abbaye au préjudice de l'autorité Epifcopale. 1565.*

L.

UNiverfis prefentes Litteras infpecturis Gerardus permiffione divina
primus Epifcopus Audomarenfis Salutem in Domino. Cum in
comperto fit & notum Monafterium divi Bertini in hac Civitate Audomarenfi fitum , & loca ad id pertinentia quibus Domino difponente , à
pluribus annis in Officio Abbatis prefuimus & adhuc in prefentiarum
prefumus , immediate fanctæ Sedi Apoftolicæ effe fubjecta & à noftra
Epifcopali auctoritate & poteftate omnino effe exempta , ut Monachi
ibidem Deo famulantes nulli nifi Romano Pontifici de ftatu fuo refpon-
dere teneantur , prout ex diverfis Privilegiis per nos fepius vifis & lectis
plenius conftat , quæ quantum in nobis eft comprobamus , ratificamus &
corroboramus , notum facimus quod per habitationem noftram quam jam
plurimis annis ante & poft affumptionem noftram ad munus Epifcopale
ibidem tenuimus & adhuc tenemus tamquam Abbas & eorum locorum
præfectus , nec non etiam per Confirmationes & Tonfuras à nobis collatas
aut exercitium aut execurionem aliquorum Officiorum Epifcopalium
quæ de gratia & licentia Prioris & Conventus ibidem fecimus , non in-

*Voyez les pages
55 , 56 & 57 de ce
Memoire.*

tendimus ullo modo nobis tamquam Epiſcopo aut noſtris ſucceſſoribus in dignitate Epiſcopali aliquod jus acquiſiviſſe aut acquirere , aut etiam per hujuſmodi, vel conſimilium Officiorum . . . . executionem acquiſituros eſſe : nec aliquod prejudicium illis locis ſeu Religioſis ibidem agentibus , vel eorum libertatibus quibuſcumque aliquo modo generare , ſed volumus & conſentimus quod præfatum Monaſterium & loca ad idem pertinentia plenariè in ſuis Juribus , Franciſiis , libertatibus , poſſeſſionibus , & Saſiniis univerſis plene remaneant , ſicut erant antequam dicta omnia exerceremus , quod fatemur nos feciſſe & exercuiſſe , & deinceps facturos eſſe de gratia ſpeciali dicti Conventus , nec aliter nobis ullo modo licuiſſe , nec licere ; in cujus rei fidem duximus ſigillum noſtrum his appendendum anno Domini 1565. menſis Novembris die 25. *Sub plica erat* De mandato Rev. Domini Epiſcopi, *& ſigillatum* N. DE LENGAIGNE Secret. cum appenſionè ſigilli in cera rubra *Infra ſcript. erat* , Collatione facta concordat hæc copia cum ſuo originali per Notarios Regios Civitatis Audomarenſis, *ſubſignatos* F. GIRARDOT *&* LOSVELDE.

Autre Acte de M. d'Hamericourt en faveur de ſes Religieux au préjudice de ſa Dignité Epiſcopale. 1574.

UNiverſis preſentes Litteras inſpecturis , Gerardus d'Americourt , Dei gratiâ primus Epiſcopus Audomarenſis , Salutem in Domino. Cum abunde ſatis coſtat Monaſterium ſancti Bertini , cui per multos annos præfuimus & etiamnum tanquam Abbas præſumus , immediate Sedi Apoſtolicæ ſubditum ac à lege Diœceſana & Ordinaria penitus exemptum eſſe , Religioſoſque in eo divinum penſum exſolventes , ſoli Romano Pontifici de ſtatu ſuo reſpondere cogi poſſe notum facimus quod ad inſtantiam & ſedulam petitionem Religioſarum Prioriſſæ & Sororum Cœnobii divæ Margaretæ in Patronatu dicti Monaſterii ſiti earumdem Sacellum ſeu Eccleſiam conſtructam & denuo reparatam Domino Deo omnipotenti dicavimus & conſecravimus , illiſque ad Religionis & devotionis augmentum Sacroſanctum Euchariſtiæ Sacramentum in dicta Eccleſia habere & digne aſſervare conceſſimus , reſervato tamen Nobis & Succeſſoribus noſtris Abbatibus jure viſitationis necnon facultate , ſi quando nobis noſtriſque Succeſſoribus videbitur idem Sacramentum auferendi & revocandi. Similiter in dicta earum Eccleſia , tam propter loci vicinitatem quam propter corporis noſtri ſenio gravati ſolamen Abbates Monaſterii Alciacenſis necnon divi Auguſtini juxta quondam-Morinum benedictione inſignivimus. Dein ad inſtantiam Religioſarum Matris & Sororum Cœnobii vulgariter appellati Solaris in Patronatu dicti Monaſterii etiamnum exiſtentis , Sacellum novum conſecravimus in honorem beatæ Mariæ Virginis & ſancti Franciſci , quod pro Cœnobii & Conventus decoratione & ſubſidio conſtruxerant , aſſiſtentibus & adſtantibus nobis in prædictis actibus reſpective Officiariis noſtris Epiſcopalibus ad actuum predictorum promptiorem & faciliorem expeditionem. Quapropter ne in poſterum per hujuſmodi actus juri præ-

LI.

Voyez leſd. pages 55 , 56 & 57 *au ce Memoire.*

dicti Monasterii divi Bertini seu juri Patronatus prejudicium fiat aut aliquid detrahatur, declaramus hæc omnia per Nos acta & celebrata esse de gratia & licentia Prioris & Conventus dicti Monasterii, juxta tenorem privilegii Abbatibus dicti Monasterii concessi per Leonem Pontificem maximum quinto Calendas Februarii, anno Domini millesimo quingentesimo decimo nono, quo illis permissum est singulari privilegio dictum Monasterium Ecclesias & Sacella ab ea dependentia vel eidem subdita dicare & benedicere, non intendentes ullo modo nobis tamquam Episcopo aut Successoribus nostris in dignitate Episcopali aliquod jus acquisivisse, aut in posterum, si similes actus se offerant acquisituros esse, nec aliquod prejudicium illis locis seu Religiosis ibidem agentibus vel eorum libertatibus aliquo modo afferre; sed volumus & consentimus quod prefatum Monasterium & loca ad idem pertinentia plene absolute & integre, antiquis suis Juribus, Libertatibus, Exemptionibus, indemnitatibus, Possessionibus, & quibuscumque aliis dignitatis & honoris titulis gaudeat & potiatur, queque acta sunt vel in posterum agi vel fieri continget, de gratia speciali dictorum Prioris & Conventus Acta reputentur, nobisque aliter id non licuisse vel licere, quemadmodum id idem declaravimus Litteris patentibus sub data 25 mensis Novembris anno millesimo quingentesimo sexagesimo quinto, in cujus rei fidem presentes Litteras sigilli nostri appensione muniri jussimus. Actum in dicto nostro Monasterio sancti Bertini anno Domini millesimo quingentesimo septuagesimo quarto mensis Novembris die undecima. *Et inferius erat scriptum,* Collatione facta reperta est hæc copia concordare cum originali per Notarios Regios Audomarensis Civitatis infrascriptos, subsignatum Girardo & Losvelde. *Et inferius,* Collatione facta reperta est hæc concordare cum copia authentica per Notarios Regios infrascriptos. *Signatum erat* Denis & Girardo, *cum signo manuali utriusque.*

XCII.

Ex Actis Capitularibus Ecclesiæ Cathedralis sancti Audomari. Registro G. folio 159 recto.

Die vigesima tertiâ Augusti 1568.

L.

DOmini mei deliberantes super residentia Reverendissimi Dom. Episcopi ratione suæ præbendæ . . . . in exonerationem suæ conscientiæ ordinarunt habere consilium Jurisperirorum num ipse Reverendissimus lucrabitur grossos fructus suæ Præbendæ residendo *in suo Monasterio sancti Bertini,* prout nunc facit, rarissime in hac Ecclesia comparendo . . . . . deputantes præfatum D. Dostreel ad redigendum in scriptis ea quæ negotium hujusmodi concernunt pro consultatione habenda.

XCIII.

*Remontrances faites à la Cour de Bruxelles le 21 Avril 1657,
par les Députés du Chapitre de l'Eglise Cathedrale de saint
Omer, l'Archidiacre d'Artois & l'Archiprêtre.*

LE respect...... & comme l'on fait courir un bruit assez constant
qu'il se fait de grands efforts pour l'Abbé de saint Bertin.......
il est de notre debvoir de remontrer que semblable provision faite par une
necessité au commencement de l'erection de cet Eveché, avant que les
revenus de la Prevôté de Watenes fussent annexés à la Table Episcopale ;
nous fait encore ressentir à present diverses emprinses, attentats & passe-
droits de cet Abbé moderne contre l'authorité & droits ordinaires des
Evêques & du Chapitre, poursuivant encore en ce regard quatre à cinq
Procès au scandal & murmure du publique & au grand préjudice &
dépression de la dignité Episcopale.

Laissans pour le surplus à la très-pourveu discretion de V. A. S. Si
c'est peut-être le service de sa Majesté d'accroître si notablement par une
chage si éminente & si accreditée, l'authorité & le pouvoir d'une famille qui a toute la milice, grande partie du Magistrat, la Noblesse &
tous les deniers des Etats de la Province, à sa devotion dans une Ville si
importante & frontiere. Laissans, dis-je, cette consideration au jugement de votre A. S. comme n'étant tout-à-fait de notre profession, de
laquelle elle pourra être servie de se faire mieux éclaircir par ses Mini-
stres, si comme le Marquis de Tresignies, Commis au Gouvernement
general de la Province ; n'ayans aultre espoir par sa grande & incompara-
ble prudence, consolera aussi ce vertueux Diocese en détournant le
succès des provisions non convenables.

XCIV.

*Ex actis Capitularibus Ecclesiæ Cathedralis sancti Audomari,
Registro G. folio 66 recto.*

Die quarta mensis Februarii 1565 ante Pascha, id est, 1566.

DOmini mei ordmarunt mihi Notario suo quatenus conficiam Minutam Supplicationis Romano sermone Rever. Domino Episcopo
hujus Ecclesie ex parte Dominorum porrigende, rogando S. P. ut inse-
quendo sacri concilii generalis Tridentini Decreta dignetur sua Pontificali auctoritate Ordinaria, summariè & de plano controversiam.....inter
D. Dec. & Capitulum hujus Ecclesie ex una, ac Religiosos S. Bertini
ex altera partibus super ordine tenendo & precedentia in Processionibus
generalibus & aliis publicis Actibus decidere aut aliàs dare Dominis litteras recusationis vel excusationis in forma, ut Domini mei sibi de remedio Juris opportuno providere valeant pro conservatione Jurium hujus
Ecclesie de Collegiata in Cathedralem erecte, prout confeci ac Domi-

meis exhibui, qua poftmodum ex ordine Dominorum prefentata Reverendiffimo Domino, Litteras excufationis fequentis tenoris fuo figillo munitas conceffit & tradidit. GERARDUS D'AMERICOURT Dei & fancte Sedis Apoftolice gratia Epifcopus Audomarenfis Vener. eximiifque Dominis Decano & Capitulo Ecclefie noftre Cathedralis fancti Audomari Confratribus noftris longe cariffimis, falutem in Domino. Porrecta nobis nuper ex parte veftra fupplicatio continebat dignaremur juxtafacultatem per facri Concilii generalis Tridentini Decreta nobis commiffam de lite & controverfia inter vos ex una, & Dominos Priorem & Conventum Monafterii noftri S. Bertini... ex altera partibus, fuper ordine & precedentia tam in Proceffionibus generalibus quam aliis Actibus publicis communiter de cetero celebrandis mota aut verifimiliter movenda, fummarié & fine ftrepitu cognofcere eique ad obviandum fcandalo brevem finem imponere feu ad id negotium certas perfonas neutri partium fufpectas delegare, aut alioquin Litteras excufationis in debita forma expeditas vobis concedere, Nos igitur etfi hujufmodi contentionem fuppreffam vehementer defideremus, cum nequeamus ob utriufque Ecclefie, Audomarenfis inquam & fancti Bertini prefecturam auctoritare fummi Pontificis nobis commiffam abfque alterius aut forfitan utriufque partium indignatione de ea cognofcere aut fine finiftra fufpicione fubftituere, ejufmodi veftre petitionis poftreme parti ut jufte annuentes, vobis libenter permifimus & facultatem conceffimus ficut & harum tenore concedimus ad hanc rem adeundi cujuflibet alterius nobis Superiorum Judicium, in eoque proponendi & exhibendi que ad veftram caufam pertinere videbuntur, eundem Judicem obnixé requirentes ut attentâ hodierni temporis malitiâ queftioni veftre antedicte quam citiffimè finem imponat. In cujus rei fidem & teftimonium prefentes per Secretarium noftrum fubfignari, figilloque noftro communiri juffimus anno Domini milleffimo quingentefimo fexagefimo quinto menfis Martii die prima. Scriptum fub plica, ad mandatum Reverendiffimi mei, & fignatum N. DE LENGAIGNE Secret. figno manuali interpofito. Que quidem Littere erant figillate uno figillo in cera rubea duplici caude pergamenee impendente.

Concordat prefens Copia cum Litteris originalibus predictis collatione facta per me Notarium Capituli. Tefte . . . . . . fignatum erat O. DE LATTRE.

LIII. Il fe trouve un Acte relatif au même fait au Regiftre de l'Evéché, qui commence en 1561. & qui finit en 1577.

XCV.

Ex Actis capitularibus eodem Regiftro G. folio 72 recto.

Die vigefima nona menfis Martii 1565 ante Pafcha, id eft, 1566.

LX. EAdem die DD. mei . . . . . . ordinarunt obtineri in Urbe commiffionem Apoftolicam ex parte DD. meorum Decani & Capituli hujus Ecclefie, contra & adverfus . . . . Abbatem & Conventum Monafterii fancti Bertini . . . . . ratione Ordinis & Precedentie quam dicti D. D.

Decanus

Decanus & Capitulum .... in Proceſſionibus generalibu s & aliis
Actibus publicis .... pretendunt ... & quia prefati domini de ſancto
Bertino aſſerunt ſe exemptos eſſe ..... cauſa hujuſmodi committatur
Rever. D D. Archiepiſco Cameracenſi loci Metropolitano, D. Decano
Tornacenſis & Archidiacono Atrebatenſis Cathedralium Eccleſiarum
cum clauſula quatenus vos vel duo aut unus veſtrum .... quod ſi forte
non poſſint obtineri ..... præfati Domini Decanus Tornacenſis & Ar-
chidiaconus Atrebatenſis, ponantur eorum loco Epiſcopi ... Tornacenſis
& Atrebatenſis ..... per Breve ſub annulo Piſcatoris &c. .... committ-
tentes DD. mei mihi Olivario De Lattre, Notario & Scribe ſuo hoc negotium in Urbe ſollicitandum & impetrandum .... *ſignatum erat*
OLIVERIUS DE LATTRE.

Supplicatio Decani & Capituli Eccleſiæ Audomarenſis
Pio Quinto 1566.

BEatiſſime Pater, dignetur Sanctitas veſtra cauſam, quam devoti
S. V. Oratores Decanus & Capitulum Eccleſiæ Audomarenſis habent & movent ..... adverſus QUOSDAM ABBATEM, *Priorem & Conventum Monaſterii* SANCTI BERTINI .... ſuper jure præcedendi .....
ſupra Abbatem ..... & Monachos præfati Monaſterii ..... ubilibet
in Proceſſionibus generalibus, Reverend. Domino Archiepiſcopo Cameracenſi Metropolitano, attento quod Epiſcopus Audomarenſis ...... re-
quiſitus cauſam hujuſmodi audire & cognoſcere noluit, ſed ut alium ſeu
alios Judices à Sede Apoſtolica obtineant permiſit, ... committere &
mandare ...... *deinde ſequitur in groſſiori littera:* Conceſſum ut petitur in
præſentia Domini noſtri Papæ; *paulò infrà:* Datum Romæ apud Sanctum
Petrum pridie Calendas Junii anno primo.

X C V I.

Ex Actis capitularibus Eccleſiæ Cathedralis ſancti Audomari,
eodem Regiſtro G. folio 96 recto.

Die decima octava menſis Decembris 1566.

EAdem die Venerabilis Vir Philippus d'Oſtrel Canonicus hujus Eccleſie, exhibuit D D. meis ..... Litteras citatorias à Ven. Viro
D. M. Mattheo Ruckebuſch Presbytero, Juris utriuſque Licentiato, Canonico Eccleſie Metropolitane Cameracenſis, Judice in hac parte ſub-
delegato per Rever. & Illuſt. D D. Maximilianum A Bergis, ... Ar-
chiepiſcopum Cameracenſem, Judicem in eadem cauſa à ſancta Sede
Apoſtolica delegatum emanatas & de parte D D. meorum obtentas,
contra & adverſus Religioſos Abbatem & Conventum Monoſterii ſancti Bertini ..... ſuper negotio Ordinis & Precedentie in Proceſſionibus
generalibus; quam Commiſſionem ſeu Citationem ordinarunt D D. mei
executioni demandari per me Oliverium De Lattre tanquam publicum
Notarium, &c.

LX.

K

Ex eodem Regiftro G. Actorum Capitularium , folio 97 recto.

Die penultima menfis Decembris 1566.

LX.

DOmini mei intellectis gravaminibus per D D. de fancto Bertino in executione certarum Litterarum citatoriarum . . . . factis *retinendo fcilicet Robertum le Pippre , & me Oliverium De Lattre executores Captivos , fub hoc tantum pretextu quod non oftenderetur Placetam Regie Majeftatis, in hoc negotio , uti dicebant , neceffarium & requifitum , retinendo etiam vi & violentia hujufmodi Litteras citatorias originales*; ad obviandum fuper hujufmodi gravaminibus factis & in pofterum forfan faciendis , provifionaliter deputarunt me Oliverium De Lattre ad eundum Cameracum , ad negotium totum cum Jurifperitis ibidem narrandum & communicandum.

Poftmodùm , videlicet 10. menfis Januarii exindè fequenti Domini mei auditâ relatione mei Oliverii De lattre . . . . . ordinarunt fecundas Litteras citatoriales per me allatas executioni demandari . . . . . cum intimatione & inhibitione . . . . . contentis & fub eifdem penis , ordinantes in omnem eventum obtineri Litteras Placeti Regie Majeftatis , licet non fint neceffarie , prout Dominis meis à Domino Prefidente & aliis renunciatum & fcriptum fuit.

Ex eodem Regiftro G. folio 99 recto

Die vigefima feptima menfis Januarii 1566 ante Pafcha , id eft, 1567.

LXI.

DOmini mei matura deliberatione præhabita ordinarunt Litteras citatorias contra Dominos de fancto Bertino in caufa precedentie feu fuper jure precedendi in Proceffionibus generalibus & aliis actibus publicis communiter celebrandis per me Oliverium De Lattre tanquam publicum Notarium executioni *demandari in perfonas Reverendi Domini Abbatis , ac Dominorum Prioris & Conventus Monafterii prædicti ; fi perfone eorum commode apprehendi poffint , & ad eos tutus pateat acceffus & ab indè receffus ,* fin minùs, per edictum publicum abfque Litteris Placeti Regie Majeftatis, attento quod eifdem nullo modo fit opus , prout poftmodum exequutus fum unà cum Domino Roberto Le Pippre Notario publico in prefentia quatuor teftium ad id vocatorum per edictum publicum ad valvas dicti Monafterii & affixione atque . . . . . . copie autentice cum originali collationate mandati citatorii valvis anterioribus antedicti Monafterii , confito mihi de non tuto acceffu , *attento quod Reverendus ** Dominus Abbas fancti Bertini premonitus de hujufmodi exequutione fienda , dixerat quod Religiofi fui retenturi effent Notarios executores captivos prout aliàs fecerunt , fi aliquam executionem in hoc negotio abfque Placeto fecerint ,* prout hec & alia per relationem noftram à tergo Litterarum citatoriarum factam, defcriptam & fignatam latius conftant.

* M. d'Hameri-
court.

XCVII.

Les Actes de ce Numero font autant de preuves des fubterfuges & des déclinatoires employés par les Religieux de faint Bertin au Tribunal du Commiffaire Apoftolique à Cambray.

Ex eodem Regiftro G. Actorum capitularium, fol. 104 recto.

Die decima quarta menfis Martii 1566 ante Pafcha, id eft, 1567.

DIE Sabbati receptis Litteris Domini Magiftri Johannis Vander-Aa Canonici hujus Ecclefie, Bruxellis refidentis una cum Placeto Regio nuper obtento, &c. Domini mei ordinarunt Venerabili Viro Domino ac Magiftro Philippo d'Oftrel Canonico, ut curet deferri Cameracum hujufmodi Placetum, fimiliter & Breve Apoftolicum cum Supplicatione ex Bruxella relatis, per nuncium Atrebatenfem ad ferviendum in caufa Dominorum meorum contra Dominos de fancto Bertino.

P.

Folio 104 Verfo.

Die vigefima fexta menfis Martii 1566 ante Pafcha, id eft, 1567.

REceptis per Nuncium Atrebatenfem Litteris Mgiftri Johannis Pierin Procuratoris feu Syndici Dominorum in caufa quam Domini habent pendentem coram Domino Officiali Cameracenfi, Judice à Sede Apoftolica fubdelegato contra Dominos de fancto Bertino fuper jure precedentie, una cum copia objectionum declinatoriarum de parte eorumdem de fancto Bertino . . . . porrectarum, & Domini mei deputarunt præfatos Dominos Militis & d'Oftrel ad replicandum & dicendum contra objectiones hujufmodi.

Q.

Folio 135 recto.

Die decima menfis Decembris 1567.

VIfa & audita quadam Sententia interlocutoria per Dominum Officialem Cameracenfem, Judicem fubdelegatum nuper lata in favorem Dominorum meorum in caufa quam fovent contra Dominos Abbatem & Conventum fancti Bertini fuper jure precedendi, &c. Domini ordinarunt Venerabilibus Dominis L. Militis & Ph. d'Oftrel Canonicis Ecclefie Penfionariis, ut follicitent & curent in negotio ulterius procedi, prout Juris, cum diligentia.

R.

Folio 150 verfo.

DIE vero vigefima prima ejufdem menfis (Maii 1568) comparens in Capitulo Jacobus de Caftel affertus Notarius Apoftolicus, intimavit Dominis meis capitulariter congregatis ex parte Venerabilium

LXII.

Religioforum Abbatis & Conventus Monaſterii ſanĉti Bertini Appellationem nuper interjeĉta·n & ſcriptam per Joannem Syndicum eorumdem Dominorum Abbatis & Conventus à pretaĉta Sententia interlocutoria ad Sanĉtiſſimum Dominum noſtrum Papam & S. Sedem Apoſtolicam , &c. Cujus quidem Appellationis faĉta leĉtura Domini petierunt ab eodem Notario copiam ſibi tradi , prout poſtea tradidit.

Folio 152 *reĉto.*

Die vigeſima oĉtava Maii 1568.

LXII.

DIE præmiſſa receptis & viſis Litteris miſſivis M. Joannis Pietin Procuratoris. DD. meorum Cameraci una cum ſchedula Appellatoria nuper interjeĉta per Syndicum D. Abbatis & Conventus ſanĉti Bertini à Sententia interlocutoria lata per V. D. & M. Ruckebuſch , Judicem Apoſtolicum in hac cauſa ſubdelegatum in proceſſu & materia precedentie , cui appellationi tanquam frivole & nulle idem Judex non detulit. Domini mei maturè deliberantes , ordinarunt ſcribi prout poſtea ſcriptum eſt Procuratori antedĉto ut procedi curet in materia principali...... ordinantes inſuper informari .... D. Joan. Richebé Præpoſitum Atrebatenſem in Curia Romana reſidentem de premiſſa appellatione .... ad effeĉtum impediendi Reſcriptum ſeu relevium appellationis per adverſarios interjeĉte attento quod per Decretum Synodi Tridentine prohibitum ſit ab interlocutoria appellare , quodque in preſenti materia precedentie debeat procedi ſummarie & de plano.

Folio 152 *verſa.*

Die undecima menſis Junii (1568.)

S.

VIſis & leĉtis binis Litteris Magiſtri Johannis Pierin Procuratoris Dominorum meorum Cameraci unà cum Mandato citatorio à Domino Judice Subdelegato nuper decreto , Domini ordinarunt citari in vim Mandati hujuſmodi Reverend. in Chriſto P. D. Abbatem ſanĉti Bertini, Priorem & Religioſos ejuſdem Monaſterii ad feriam ſecundam preciſe poſt feſtum Venerabilis Sacramenti proximum in Eccleſiam Cameracenſem ſecundum formam & tenorem Mandati prediĉti , ad videndum exhiberi libellum de parte Dominorum meorum Decani & Capituli hujus Eccleſiæ contra eoſdem Dominos de ſanĉto Bertino in proceſſu precedentie , ulteriuſque in eadem cauſa via juris procedendum & procedi videndum; cujus Mandati executio faĉta eſt per Dominum Robertum Le Pippre Notarium Apoſtolicum , & me O. De Lattre Nöt. ad mandatum Dominorum meorum ad perſonas Reverendiſſimi Domini G. de Americourt Epiſcopi Audomarenſis tanquam Abbatis diĉti Monaſterii ſanĉti Bertini necnon Dominorum Prioris & Religioſorum ejuſdem Monaſterii numero novem aut decem ſimul congregatorum die Sabbati pridie Trinitatis , duodecimo ejuſdem menſis Junii , ut latius conſtat ex reſcripto ſive relatione executionis noſtræ à tergo mandati deſcripte & Cameraci reportate.

Folio 156 recto.

Die vigesimâ sextâ mensis Julii (1568.)

DOmini mei ordinarunt executioni demandari per Dominum Robertum le *Pippre* Notarium Apostolicum & me O. De Lattre etiam Notarium, certum Mandatum Citatorium & Monitorium nuper emanatum à venerabili Dom. M. Matheo Ruckebusch Juris utriusque Licentiato, Canonico Cameracensi, Judice Apostolico subdelegato in causa Dominorum meorum contra Dominos Abbatem, Priorem & Conventum sancti Bertini in materia precedentie per affixionem ad valvas Ecclesie sancti Audomari necnon Monasterii sancti Bertini juxta Mandati tenorem & continentiam, prout executum fuit per Notarios supra dictos ipso die Dominico divi Petri ad Vincula Festo, inter divinorum solemnia, que fuit dies assignata ipsis de S. Bertino ad feriam secundam aut alteram Assumptionis Beate Marie proxime venture cum insinuatione, &c.

LXIII.

XCVIII.

Ex eodem Registro G. *Aсtorum Capitularium, folio* 186 *verso*

Die undecimâ Maii (1569.)

DIe premissa super propositione nuper facta Dominis meis Decano & Capitulo solito more capitulariter congregatis per venerabilem V. magistrum Joan. Heyms Archipresbyterum pro parte Reverendissimi Domini Episcopi hujus Ecclesie requirentis processum adhuc indecise pendentem inter Dominos meos ex una, & Dominos de sancto Bertino partibus ex altera, in materia precedentie, vita comite ipsius Reverendissimi Domini, suspendi, Domini mei hodie super hujuscemodi requisitione mature deliberantes declararunt se pro officio & juramento prestito de conservandis Ecclesie Juribus & Privilegiis, hujusmodi requisitioni non posse acquiescere nisi & in quantum placeat sue paternitati ac suis Religiosis conclusiones Dominorum accordare ac eisdem sese submittere, & in eum effectum paratos esse consentire suspensioni executionis Sententie desuper ferende, ac pristinam & antiquam consuetudinem, morem & ordinem, tam in Processionibus quam aliis publicis Actibus similibus conservare, idque in favorem prefati Reverendissimi, quoad vixerit dumtaxat, datis tamen Litteris authenticis cum clausulis sufficientibus de non prejudicando conclusionibus & effectui sententie hujusmodi ferendæ.

LXIV.

Folio 189 *recto.*

Die decimâ Junii 1569.

VEnerabilis Vir Dominus ac Magister C. Piers Decanus proposuit ex parte Rev. Domini Episcopi hujus Ecclesie num placeret Domi-

LXIV.

nis meis , caufa hactenus intenta per Dominos meos , Impetrantes contra Dominos de fancto Bertino Reos opponentes ex alterâ in materia Precedentie in definitivam ufque peracta , eam in eo ftatu relinquere feu fufpendere vita ipfius Rev. comite ; fuper quo Domini mei deliberantes attentis variis mifis & expofitionibus jam inde factis ordinarunt dictam caufam ulterius profequi.

XCIX.

Extrait d'un Procès-Verbal tenu devant l'Abbé de Clairmarais le 11 Janvier 1574, avant Pâques 1575.

LXVI.   **C**Oram vobis Reverendo..... Domino Abbate Clermarecenfi Procurator .... Venerabilium Dominorum de Capitulo Ecclefiæ Cathedralis fancti Audomari ..... ad demonftrandum quod delegationis veftræ Refcriptum Apoftolicum ad vos obtentum per Priorem & Conventum Monafterii divi Bertini...... fit fubreptitiè & obreptitiè petitum & impetratum..... dicit & excipiendo proponit ea quæ fequuntur...... præterea in hujufmodi Refcriptis Apoftolicis fubintelligitur conditio : fi preces veritate nitantur...... fed fic eft quod dicti Prior & Conventus Pontifici Maximo detulerunt & declaraverunt quod à tempore immemoriali , etiam poftquam dicta divi Audomari Ecclefia Collegiata in Cathedralem erecta fuit , funt in poffefione quod in Proceffionibus publicis alterna præcedencia fervatur ; quod verum non eft, faltem quod funt in poffeffione per eos declarata poftquam dicta Ecclefia in Cathedralem fuit erecta. Nam dicti Domini de Capitulo....., recufarunt cum ipfis Monachis proceffionaliter convenire , nifi datis ab eorum Abbate Litteris de non præjudicando...... quas Litteras..... tradidit illis Dominus Abbas. Ergo falfo dicti Prior & Conventus declaraverunt quod fint in poffeffione alternativè precedendi poft ipfam erectionem....... infuper declaraverunt dicti Prior & Conventus ipfi Pontifici Summo, quod non obftante prætacta poffeffione..... Canonici ipfi mera ambitione ducti à felicis recordationis Pio V Refcriptum extorferunt , cujus pretextu ipfos.... in judicium traxerunt , per biennium & ultra ipfos fatigarunt , & adhuc lis terminata non eft, licet pro eorumdem Prioris & Conventus parte legitimæ diligentiæ & interpellationes pro caufæ aut caufarum hujufmodi expeditione factæ fuerint.

Quæ omnia tacitâ veritate , & falfitate expreffa Sanctitati fuæ narraverunt..... certum fiquidem eft prædictos Dominos de Capitulo nulla ambitione mala iuductos fuiffe...... fed inductionis caufa fuit ex eo quod dicti Prior & Conventus..... recufantes Cathedralis Ecclefiæ Canonicis primum & fuperiorem locum à Sacro-fancta Sede per totam Civitatem ipfis tributum & conceffum prout conceditur cæteris hujus Provinciæ Canonicis Cathedralibus..... apud quem Officialem pro parte dictorum Prioris & Conventus nullæ diligentiæ.....- factæ funt...... quas tamen dixerunt & declaraverunt Pontifici maximo

79

se fecisse. . . . . nunc cessarunt in quantum potuerunt à litis exordio uti
protelationibus, subterfugiis, dilationibus, &c.

C.

Ex actis capitularibus Ecclesiæ Cathedralis sancti Audomari,
Registro H. folio 143 verso.

Die decima mensis Decembris (1574.)

DOmini mei inter se mature deliberantes de & super certis pro- **LXVII.**
positionibus nuper pro parte Reverendissini Domini capitulariter
factis quibus requirebat sibi declarari per Dominos utrum mallent, an referre se Sententiæ per eum, habito primitus bono & sufficienti doctissimo-
rum virorum, ut pretendit, consilio & advisamento, summarie ferende
super processu inter Dominos meos & Priorem & Conventum sancti
Bertini in materia precedentie jam pridem indecise pendente ad evitandos ultiores litium anfractus (saltem sua vita comite) & pacem ac
concordiam servandam, an sese referre in certos Arbitros juris utriinque
deligendos in aliqua Universitate, tandem prefati Domini mei post mul-
tam deliberationem unanimiter consenserunt & accordarunt controversiam processus dicte precedentie decidi in Rota, missis ad eum effectum
utrimque meritis & articulis brevibus predicti processus, deputantes interim Domini mei Venerabiles Viros D. ac Magistros de Was & Sulp. Du-
prey Canonicos ad eidem Domino Reverendissimo predictam intiman-
dam Dominorum resolutionem super sua propositione prout exinde retulerunt se intimasse eumdemque Dominum Reverendissimum respondisse
se desuper communicaturum cum suis Religiosis, ac postmodum docturum
Dominos de eorum desuper intentione, prout sequenti Capitulo jussit
referri ut agerent partes prout juris & rationis esse censerent.

C I.

Extrait du même Procès-Verbal devant l'Abbé de Clairmarais
en 1574, cité au Numero **XCIX.**

PRimo Rescriptum istud vitiosum est & subreptitium propter perso- **LXVI.**
narum supplicantium inhabilitatem . . . . . . siquidem . . . . . absque
Rever. D. Domini Abbatis sui licentia & consensu, qui tamen in lite
& causa est cum illis coram prædicto Domino Officiali, imo eodem inscio & ignorante, prout declaravit & fassus est viris fide dignis, porrexe-
runt * Supplicationem Pontifici Maximo de avocanda causa à dicto
Officiali, & dirigenda ad vos prædictum Dominum Abbatem Cler-
marensem.

* Les Religieux
de S. Bertin avec
leur Prieur M. de
Gravet, depuis . . .

CII.

Litteræ non præjudicii datæ Decano & Capitulo Ecclesiæ Cathedralis sancti Audomari, ab Abbate & Conventu sancti Bertini. 1566.

LIX.

UNiverfis & fingulis prefentes Litteras infpecturis Gerardus d'Hamericourt permiffione divina, Abbas, & Conventus Monafterii S. Bertini, Ordinis fancti Benedicti in Civitate Audomarenfi, falutem in Domino. Cum per Literas Illuftriffime Domine Margarite Duciffe Parmenfis & harum inferiorum Regionum Gubernatricis nobis fuiffet injunctum Proceffiones Generales & Solemnes pro totius Ecclefie Catholice tranquillitate & periclitantis Religionis confervatione facere, cumque Reverend. in Chrifto Pater , Venerabilefque Viri Domini Epifcopus * Decanus & Capitulum Ecclefie Cathedralis fancti Audomari ejufdem Civitatis Audomarenfis, pretenderent ut adhuc pretendunt, ob erectionem eorum Ecclefie de Collegiata in Cathedralem per Sanctam Sedem Apoftolicam factam, locum fuperiorem fupra nos Abbatem & Religiofos, tam in Proceffionibus Generalibus, quam aliis publicis actibus communiter celebrandis prout fieri dicebant in aliis locis & Ecclefiis Cathedralibus, nobis * in contrarium dicentibus & pretendentibus dextrum latus viciffim cum eifdem Dominis Epifcopo, Decano & Capitulo, ut olim retinere , & tandem ipfi Domini Epifcopus , Decanus & Capitulum pro bono pacis & ad populi murmur & fcandalum evitandum conveniffent nobifcum facere Proceffiones generales more confueto fub proteftatione pro parte ipforum expreffe facta de non prejudicando Juribus , Privilegiis & Preeminentiis eorum Ecclefie in Cathedralem ut prefertur erecte, fed eorumdem & ejufdem Ecclefie Jure & actione tam in poffefforio quam petitorio & alias ubique femper falvis & illefis , fuper quibus nos Abbas & Conventus tenemur dare eifdem Dominis Epifcopo, Decano & Capitulo Litteras non prejudicii in forma confueta ; hinc eft quod nos Abbas & Conventus predicti volentes uti bona fide erga dictos Epifcopum, Decanum & Capitulum, prefentes Litteras non prejudicii eifdem conceffimus & harum ferie concedimus , nolentes nec intendentes per Proceffiones hujufmodi pro quacumque caufa vel neceffitate de cetero communiter fiendas, *toties quoties* eas fieri contingerit , neque etiam propter alias Proceffiones à tempore erectionis dicte Ecclefie in Cathedralem hactenus fimiliter factas nec per aliquos Actus in eifdem Proceffionibus quomodocumque & à quocumque factos & in pofterum faciendos aliquod prejudicium ipfis Dominis Epifcopo, Decano & Capitulo aut ipforum Ecclefie Juribus & Preeminentiis generatum effe, vel in futurum generari poffe, neque per hoc aliquod Jus nobis vel Succefforibus noftris aut Monafterio noftro in petitorio vel poffefforio, aut alio cuovis modo acquifitum effe vel fore , in quorum premifforum omnium fidem nos Abbas predictus noftro & Conventus noftri nomine, has prefen-

te s

tes Chirographo noſtro ſubſcripſimus anno Domini xvᶜ. lxvj. menſis Aprilis die vigeſima quinta..... *erat ſignatum*, GᴇRᴀRᴅᴠs Abbas ſancti Bertini.

CIII.

*Supplique des Prieur * & Convent de ſaint Bertin preſentée à Gregoire XIII en 1574.*

* *Vaaſt de Grenet depuis Abbé, Auteur du pretendu Concordat.*

PAter Sancte etſi...... Prior & Conventus ſancti Bertini...... ab immemoriali tempore citrà fuerint & ſint etiam poſtquam Eccleſia Canonicorum & Capituli..... quæ prius Collegiata erat in Cathedralem erecta fuerit, (a) quod in Proceſſionibus....... *Alternativa præcedentia* ſervetur..... nihilominus Canonici adverſarii mera ambitione (b) ducti...... oratores coram Archiepiſcopo Cameracenſi ſeu ejus Officiali in judicium traxerunt, & jam per biennium & ultrà fatigarunt..... licet pro oratorum parte legitimæ diligentiæ..... factæ fuerint. (c) Ne igitur..... ulteriùs cum maximo illorum incommodo ac cultus divini diminutione ac populi ſcandalo (d) fatigentur, ſupplicant S. V. quatenus dignetur cauſam,..... ad ſe evocare, illamque....... aliquibus probis viris illarum partium in dignitate Eccleſiaſtica conſtitutis..... committere & mandare...... *deinde ſequitur in groſſiori littera* : Conceſſum ut petitur........ Datum Romæ apud ſanctum Marcum, Calendis Septembris anno Tertio.

XLVI.

(a) *Premier trait de faux.*
(b) *Second.*

(c) *Troiſiéme.*

(d) *Quatriéme & cinquiéme.*

CIV.

Ex Statutis Eccleſiæ ſancti Audomari, ab Eugenio IV confirmatis folio 13 recto & verſo.

ITem pro decore & honeſtate Eccleſie ſtatuimus & ordinamusqu od Prepoſitus in Feſto Natalis Domini, Epiphanie, Purificationis Beate Marie, Reſurrectionis Dominice, Aſcenſionis, Pentecoſtes, Sacramenti & Aſſumptionis Beate Marie Virginis, Depoſitionis beati Audomari, & omnium Sanctorum, primas Veſperas, Matutinas & majorem Miſſam nullum recipiendo emolumentum in propria celebrare teneatur, niſi tamen abſens eſſet, vel aliàs legitime prepeditus ; & quia plura poſſunt ſupervenire impedimenta propter que celebrare non poſſet, cum ad Decanum & Capitulum, vel ad Capitulum Decano abſente ſpectet & pertineat diſpoſitio, proviſio & ſollicitudo circa divinum Officium, ne ex hoc ſcandalum ſive defectus oriatur, per Vicarium prefati Prepoſiti, vel ejus Cuſtodem ſe certiorari aut informari facient, ſi idem Prepoſitus celebrare voluerit, aut non, ut juxta caſus exigentiam de alia perſona in dictis ſolemnitatibus valeant providere. Item Decanus Eccleſie in aliis majoribus duplicibus Feſtis hujuſmodi Veſperas, Matutinas & Miſſam celebrabit in propria nullum recipiendo emolumentum ut pote in Feſto Circumciſionis Domini, Annuntiationis Dominice, Trinitatis, Tranſlatio-

XIV.

L

nis fancti Audomari, Nativitatis beati Johannis-Baptiste, Nativitatis beate Marie Virginis, Conceptionis ejufdem, Apoftolorum Petri & Pauli, Aldegundis & Auftraberte, nifi tamen abfens vel alias legitime fuerit impeditus, de quo impedimento inquirent illi de Capitulo ut de alia perfona providere valeant. Et fi Prepofitus abfens fuerit, celebrabit Decanus in majoribus Feftivitatibus fupradictis loco Prepofiti, fi voluerit.

C V.

Ex Actis Capitularibus Ecclefiæ Cathedralis fancti Audomari, Regiftro H. fol. 193 verfo.

U. SUper remonftratione capitulariter facta fuper eo quod ipfo die Sacramenti ultimè elapfi Reverendiffimus Dominus Epifcopus furrogaffet in fuum locum Dominum Archidiaconum Flandriæ ad deferendum Venerabile Sacramentum in Proceffionibus illius diei, cum tamen hujufmodi & fimiles actus juxta Statuta & antiquas hujus Ecclefiæ confuetudines concernant dumtaxat eos qui capitulariter deputati funt ad celebrationem Miffarum folemnium majoris Altaris, cenfuerunt requirendum prefatum Reverendiffimum Dominum, quatenus deinceps nullum furroget in locum fuum, fed hujufmodi actus relinquat prout dictum eft deputatis per Dominos Decanum & Capitulum ad officium majoris Altaris.

C V I.

Ex iifdem Actis Capitularibus, Regiftro C. folio 61 recto.

Die quinta Decembris (1565.).

LVI. . . . . Occafione Proceffionum generalium cum Venerabili Euchariftiæ Sacramento die divorum Dionyfii ejufque Sociorum Martyrum noviffimè effluxo fimul (*cum Religiofis fancti Bertini*) factarum, in quibus Proceffionibus Reverendiffimus in Chrifto Pater Dominus Gerardus ab Hamericourt Dei gratia Epifcopus Audomarenfis in pontificalibus exiftens ac TANQUAM EPISCOPUS Sacramentum prædictum detulit.

C V I I.

Arrèt de la Cour de Bruxelles du 15 Septembre 1593.

LXX. VEües & vifitées au Confeil privé du Roi les Pieces & Titres du different entre les Religieux de faint Bertin fuppliants d'une part, & Meffire Jehan de Vernois-Evefque de faint Omer Refcribent de l'aultre fur ce que depuis la Sentence rendue au Confeil entre lefdites parties le 21 du mois paffé . . . . . . & ledit fieur Evefque foutenant le

contraire en vertu de la Sentence & Arrêt fufmentionné, requerant au
furplus que pour eviter ulrerieurs debats, femblable Reglement fuft
donné en fon Evefché au regard defdits fuppliants comme il y en a en
la Ville d'Arras, entre l'Evefque dudit lieu & l'Abbé de faint Vaaft,
non moins privilegiés que lefdits Suppliants .... Le tout confideré,
fa Majefté ordonne aufdits Suppliants de fe conformer à ladite Sentence rendue fur ce debat ledit 2t du mois paffé & en ce faifant ne
donner aucun empefchement au Sieur Evefque en l'indiction & con-
vocation des Proceffions, Predication & tous autres exercices d'Offices
Spirituels & Pontificaux, tant en leur Eglife de faint Bertin qu'autres de leur Patronage. . . . . Fait à Bruxelles le 25
Septembre 1593. figné, DENGHIEN.

CVIII.
Arreft Provifionnel du 16 Janvier 1595.

SUR ce que l'on avoit recogneu que certains debatz feroyent efté
meuz d'entre Reverend Pere en Dieu Meffire Jehan de Vernois
Evefque de faint Omer & les Religieux, Abbé & Convent de faint
Bertin, tant à caufe de l'indiction des Proceffions generales, Stations
d'icelles que ordre à tenir efdictes Proceffions & aultrement, fe fondant
ledit Evefque fur le faint Concile de Trente & Sentences en ceft endroit depuis rendues au Confeil privé de fa Majefté, & lefdits Religieux & Abbé fur les Concordatz faict entre eulx (prefent feu Meffire
Jehan Six Evefque) & ceulx du Capitre de faint Omer, à l'interven-
tion du Nunce Apoftolique l'Evefque de Verceilles, fans fe vouloit
departir de leurs pretentions, dont fouventefois viend à fouldre conten-
tion & fcandal publicque, chofe de mauvaife confequence, en la con-
jonéture prefente, fa Majefté defirant y mettre ordre par forme de
Police, & veüillant obvier aux inconveniens qui en pourroient fouldre, at par forme de Reglement provifionel & fans prejudice des Droits
des Parties (après s'eftre düement informé de ce que s'obferve es aultres
Villes où il y at Evefque, Religieux & Abbé du même Ordre comme
font ceulx dudit faint Bertin exemptz de l'Ordinaire) ordonné & ordonne par cefte que s'obferveront les Poinctz & Articles fuivans, felon
lefquels les Parties auront à fe conduire : En premier lieu que ledit
Evefque avec l'advis de fon Chapitre pourra indire les Proceffions
generalles avec Declarations du jour & forme d'icelles, foit qu'elles
foient ordonnées par la Court ou aultrement, les faifant infinuer par
fon Promoteur aufdits de faint Bertin comme aux aultres Paroiches &
Convents de ladite Ville, en fuitte de ce lefdits de faint Bertin fe
trouveront au jour & heure affignez en l'Eglife Cathedrale pour il-
lecq commencer la Proceffion, foit que la Station fe tienne dans laditte Eglife ou en celle dudit faint Bertin ou ailleurs, & fi avant que
fut ordonné que efdittes Proceffions deuift eftre porté le Venerable
Saint-Sacrement d'Autel, foit que la Station fe face en l'Eglife Ca-

thedrale ou dudict faint Bertin ou aultre lieu fans diftinction de Patronage, *ledit Saint-Sacrement fera porté par l'Evêque , Doyen ou quel-
qu'un de ladite Eglife Cathedrale* S E U L E M E N T, come auffi la cele-
bration de la Meffe , Chant des Refpons , Collectes & generallement
tout l'Office fera faict par ceulx du Corps de la fufdite Eglife Cathedrale, efquelles Proceffions ledit Evefque marchera feul au milieu
des deux rengs fur la fin , *fuyvant ledit Abbé le reng de fes Religieux*
marchant au cofté gauche des Chanoines de laditte Eglife , & au regard
de la Predication , icelle fe fera lors au lieu de la Station auffi bien en
l'Eglife dud. faint Bertin que de la Cathedrale par ledit Evefque ,
ou quelque aultre Predicateur par lui à commettre, lequel Predicateur recevra la benediction dudit Evefque ou en fon abfence, du
Doyen ou Chanoine officiant, nonobftant la prefence dudit Abbé. L'Office achevé , l'Evefque donnera la Benediction Pontificale, tant audit
faint Bertin qu'ailleurs , & eftant le tout achevé , au cas la Station eft
à faint Bertin, lefditz Religieux & Abbé reconvoyeront ceulx de laditte Eglife Cathedrale jufqu'au boult de leur Nef dudit faint Bertin.
Ainfi faict & ordonné le vingt fixiefme de Janvier quinze cents nonante & cincq. *Paraphé.* *Eftoit figné*, D I N G H I E N , & cachetté en
cachet de fa Majefté. Plus bas eft efcript ce que s'enfuit. Le quator-
ziefme jour de Febvrier quinze cents quattre vingt quinze , nous Notaires Royaux foubfignez refidens à Saint-Omer aurions infinué &
faict fcavoir à Monfieur le Prelat de faint Bertin en parlant à fa perfonne le contenu de la Sentence fufdite, de laquelle lui aurions laiffé
copie, à quoy il auroit declaré qu'il s'en aviferoit. Fait le jour & an
que deffus. *Etoit figné* D R E P R E C Q , & J. D A E N S.

C I X.

Arrèt du 11. *Octobre* 1595.

LXX.

V Eu la Requête du Reverendiffime de Saint Aumer contre les Abbé & Religieux de faint Bertin défaillans de comparoir aux Proceffions generales indictes & à eulx infinuées par ledit Evefque, la ref-
ponce & exculation alleguée par iceulx de faint Bertin au contraire , &
tout confideré Sa Majefté déclare que l'Ordonnance rendue par forme de
Reglement provifional en date du vingt fixiéme de Janvier dernier fera
executé felon fa forme & teneur nonobftant le Reglement d'enquefte
ordonné depuis au principal, à peine que fi lefdits de Saint Bertin font
aultre fois deffaillans, que fera procedé au faififfement effectuel de leur
temporel, en conformité d'aultre ordonnance comminatoire du vingtief-
me de Mars dernier, decretant dés maintenant pour lors , & dés lors
pour maintenant icelle peine à la premiere fois de contravention & nean-
moins fera efcript à ceulx du Confeil d'Artois de proceder & faire proceder par les Commiffaires par eulx ordonnez au parfaict d'icelle Enquefte avec prefinition de delays brief & terme competent , & le tout ren-

voyer vers *Sa Majeſté* pour eſtre ordonné au principal comme ſera trouvé convenir. Fait au Conſeil privé tenu à Bruxelles l'onziéme jour d'Octobre quinze cents nonante & cincque. *Etoit ſigné* D'INGHIEN.

C X.

Lettre du Roi d'Eſpagne à M. l'Abbé de ſaint Bertin du 11 Mars 1627.

PAR LE ROY.

REverend Pere en Dieu cher & bien-amé, Nous vous envoyons cy incloſe la Requeſte à nous préſentée de la part de l'Evêque de Saint-Omer, enſemble certain reglement y joint, afin que l'ayant veu & examiné vous vous conformiez au contenu en iceluy, ne ſoit qu'ayez raiſon au contraire, dont en ce cas vous avertirez en dedans la quinzaine de l'inſinuation peremptoirement; à tant Reverend Pere en Dieu cher & bien-amé notre Seigneur vous aye en ſa ſainte garde: de notre Ville de Bruxelles, le 11 Mars 1627. Plus bas étoit ſigné, PRATS; & la ſuſcription étoit, à Reverend Pere en Dieu notre cher & bien-amé l'Abbé de S. Bertin, & cacheté du Cachet de Sa Majeſté. 　　　　　　　　　　　　　　　LXXXV.

Requète de M. l'Evèque de Saint-Omer à la Cour de Bruxelles du 11 Mars 1627.

AU ROY.

REmonſtre humblement le Reverendiſſime Evêque de Saint-Omer, que ci-devant ayant été meuz debat entre ſes Predeceſſeurs & les Religieux Abbé & Convent de S. Bertin, ſur l'indiction des Proceſſions, leur Station, ordre, cérémonies & autres faits en dépendants, il a pleût à feue Sa Majeſté décréter certain Reglement proviſionel par forme de police, par lequel ont étés ordonnés certains points, ſelon leſquels les parties auroient à ſe conduire icelui Reglement en datte du 26 Janvier 1595, lequel comme le Remonſtrant ET LE CHAPITRE de ſon Egliſe Cathedrale deſiroient faire mettre à exécution, & que peut-être y pourroit être meue oppoſition, ſous prétexte du lapſe du tems ou autrement, le Remonſtrant s'eſt adviſé pour toute ſeureté, prendre premier ſon recours vers la Cour, Suppliant bien humblement afin que ledit Reglement SOIT DECLARE' EXE'CUTQIR contre leſdits Abbé & Convent EN TOUS SES POINTS; ce faiſant, &c.

A la marge de ladite Requête étoit écrit pour apoſtille:

Soit envoyé à l'Abbé de S. Bertin, afin de ſe conformer au Reglement y joint, *Niſi cauſam*, dont en ce cas il advertira Sa Majeſté en deans la quainzaine de l'inſinuation peremptoirement. Fait à Bruxelles le 11 de Mars 1627.　　　　　　　　　　　　　　　LXXXV.

Autre Requête du 27 Juillet 1639.

AU ROY.

XCII. REmontre en deue reverence MeſſireChriſtophe de France Evêque de Saint-Omer, qu'ayant à l'advis du Chapitre de ſon Egliſe Cathedrale indicte pour le dix ſept du préſent mois Juillet, une Proceſſion generale . . . . . laquelle Proceſſion ayant été inſinuée à ceulx qu'il convient, & nommément aux Religieux de l'Abbaye de S. Bertin, & par eulx même acceptée, ſi eſt ce tout & fois qu'ils auroient été défaillans d'y comparoiſtre ſoubs prétexte du depuis ſuſcité, qu'eſtant ſans Prélat, il écheoit ou d'egliſſer la Prédication laquelle ja éroit publiée, ou du moings que par le Prédicateur ne fut demandé la bénédiction du Remonſtrant comme entendant appartenir à leur Prélat pour les Stations à être tenus en leur Egliſe, telle que l'on leur avoit gracieuſement accordé icelle en queſtion, & ce directement contre l'apointement de V. M. du xxvj Janvier 1595. Voires iceulx Religieux non contens renouvellant les anciennes diſputes & ſuſcitant nouvelles querelles auroient à l'après-midy dudit xvij, ſans permiſſion d'iceluy Remonſtrant, inſtitué une Proceſſion ſolemnelle & publique au dehors de l'enclos de leurdite Abbaye & par ladite Ville : le tout non-ſeulement contre la diſpoſition du droit commun & du ſaint Concile de Trente (ſi qu'eſt notoire) & qu'iceux Religieux n'ont territoire ni juriſdiction au dehors de leurdit enclos ; mais auſſi contre aultres apointemens iteratifs de V. M. iceulx reſpectivement raffraiſchies par reglement de feue la *Sereniſſime* Infante en datte du deux Decembre 1626, adreſſé à leur feu Abbé, afin qu'à l'advenir il auroit à s'abſtenir de ſemblables voyes de proceder que deſſus: de tous leſquels differents & de la connoiſſance d'iceulx V. M. en étant ſaiſie & étant paſſé en force de choſe jugée, le Remonſtrant ſupplie bien humblement que ſon plaiſir Royal ſoit de le maintenir ès droits & poſſeſſion diſpoſées par leſdits apointements étant même ainſi paſſé en forme de choſe preſcripte par le laps de quarante ans que iceulx ſont émanées, ...

Joindant pour preuves certains Reglement & Ordonnance de **V. M,** en datte du xxvj Janvier 1595, en après confirmé par autre Reglement & Ordonnance du xj d'Octobre dudit an, rafraichit reſpectivement ſi que dit eſt par Lettres de feue la Ssme Infante qui vont auſſi cy-jointes.

En marge de ladite Requête y avoit l'apoſtille qui s'enſuit : Soit montré aux Religieux & Convent de S. Bertin pour y dire ; cependant Sa Majeſté ordonne de ſe conformer au Reglement proviſionel donné le xxvj Janvier 1595, déclarant que ce que s'eſt paſſé puis n'aguéres au contraire, n'aportera aucun préjudice ni innovation audit Remonſtrant. Fait à Bruxelles le xxvij de Juillet 1639. *Etoit ſigné*, J. DE ROBIANO.

Autre Requète du 15 Juin 1641.

AU ROY.

L'Evêque de Saint-Omer . . . . . Supplie très-humblement V. M. XCIV.
être servi d'ordonner auxdits sieurs de S. Bertin . . . . . derechef
par provision sur quelque grosse peine & amende, de se conformer audit Reiglement provisionnel dudit an 1595, en comparaissant aux Processions qui seront indictes pour ledit jour par le Suppliant, & interdi-
sant auxdits de S. Bertin, toutes Processions particulieres en dehors de
leur enclos, comme aussi la bénédiction du Prédicateur . . . .

A la marge de ladite Requête étoit ce qui suit par forme d'apostille:

Soit montré à ceulx de l'Abbaye de S. Bertin, afin de dupliquer en
dedans la xve peremptoirement leur ordonnant d'eulx conformer à
l'apostille du 27 Juillet 1639, & de ne faire aucunes Processions au
dehors de l'enclos de leur maison, & de comparoir à celles qui seront indictes par l'Evêque de S. Omer, à peine de trois cens écus d'or d'amende
en cas de contravention exécutoire promptement sur leur temporel. Fait
à Bruxelles le 14 Juin 1641.

CXI.

LE quatorziéme de Janvier 1594, Nous Notaires Royaux soussignés LXXXIV.
résidens en la ville de S. Omer, à la Requeste de Monseigneur le
Reverendissime Evêque dudit S. Omer, serions transporté avec Maître
Antoine le Blocq son Promoteur en l'Abbaye de S. Bertin, vers M. le
Prelat d'icelle auquel ledit sieur Promoteur en notre présence auroit ex-
hibé certaines Lettres de Sentence données de Messeigneurs du privé
Conseil de Sa Majesté au prouffit dudit Seigneur Reverendissime, le
vingt-cincq de Septembre dernier, lüi déclarant qu'il eust à soy conformer à icelle . . . . que ledit sieur Prélat eut à soy trouver Dimen-
che prochain en huict jours aux Processions generales qui se feront à l'heure ordinaire, & la Station à l'Eglise Paroichiale de Sainte Marguerite,
à quoi ledit sieur Prélat par la bouche de Maître Jehan de Brandt son
Bailly général auroit demandé audit Promoteur s'il avoit Acte par écrit,
sur quoi icelui Promoteur auroit fait réponse que non; ains enchargé de
bouche de la part dudit sieur Reverendissime par la Relation de nous
Notaires Royaux soussignés, ce que aurions déclaré audit sieur Prélat,
oyant quoy par ledit de Brandt auroit déclaré audit Promoteur pour
l'enprinse par luy faite il auroit fourfaict l'amende ordinaire & addictée
par la Coutume, le Calengant pour cette raison en ladite amende cause
que ledit Promoteur auroit remontré qu'il ne faisoit aucun exploit, ains
seulement que une simple déclaration & insignuation de la volonté de
son Maître sur l'indiction desdites Processions, & partant qu'ils se portoient pour appellans de ladite Calenge & détention de sa personne,

nonobftant laquelle appellation ledit de Brandt auroit perfifté en ce qu'il
doit payer ou gaiger ladite amande & par ledit Promoteur au contraire
& en adhérant à fadite appellation auroit protefté contre ledit de Brandt
de tous dépens, dommaiges & interêts, & de foy pourveoir contre luy
en fon propre & privé nom par telle voye & maniere qu'il trouvera con-
venable, & ce fait nous ferions retirés ayant delaiffé ledit Promoteur dé-
tenu en ladite Abbaye..... Fait ledit jour & an deffufdits, étoit *figné*,
DESPRECQ. DAENS, avec paraphe.

C X I I.

Ex Regiftro Actorum Epifcopatus Audomarenfis ab anno 1580
ad annum 1586.

LXXXII.

Die jovis quartâ Octobris 1582. cum Rev. Dominus requifitus ad
benedicendum & confecrandum Cœmeterium pefte mortuis preparatum extra portam Haultpont, jam effet paratus, brevi ejus rei gratia egreffurus domo, facta eft à Domino fancti Bertini oppofitio nuntian-
tis per duos Religiofos Conventus fui & Ballivum fuum, locum fui
effe Patronatus & à fe benedicendum, exhibentifque copiam privilegii
quod prentendit. Eodem die comparuerunt coram Rev. Domino Paftor
fanctæ Margarete in Civitate Audomarenfi D. Jacobus Halbourdin &
duo ejus Parochiani Michaël Cornette & M. Martinus Donckre: Paftor narravit quomodo pridie ejus diei Dominus fancti Bertini vocavit
ipfum, rogavitque eum quis dies ftatutus effet ad benedicendum Cœmeterium illud quod pefte mortuis preparatum eft extra portam Haultpont anne craftina dies ? Refpondit Paftor craftinum diem ftatutum
effe. Dixit Dominus fancti Bertini fe poftridie bene mane mifurum
Priorem fuum cum altero Religiofo Conventus fui & Ballivo fuo ad
communicandum cum Rev. Domino ; Paftor itaque intelligens Dom.
Abbatem pretendere ad fe pertinere Cœmeterii confecrationem, non ad
Epifcopum, indicavit id poftridie mane dictis fuis duobus Parochianis
Michaëli & Martino qui Magiftratus juffu omnia preparaverant, eo die
Epifcopum accerfituri, qui dignaretur ad benedicendum locum juxta
quod promiferat, venire. Hi itaque cum intelligerent Epifcopo impe-
dimentum objici à Domino fancti Bertini, adierunt ipfum, non quo ipfi
Requeftam porrigerent, fed ut conquererentur de neceffitate confecra-
tionis loci, in quo profano, jam actu multa corpora humata effent. Dominus fancti Bertini cum Confilio fuo iis dixit ut Requeftam porrigerent
de ea re quam petebant. Scripferunt autem ii qui de Confilio Domini
Abbatis ipfimet Requeftam quam curaverunt per dictos duos Parochia-
nos fubfignari. Super Requefta igitur illa Dominus fancti Bertini dedit
eis, Requefta apud fe refervata, hujufmodi fcriptum, cujus tenor de
verbo ad verbum fequitur, & eft talis :

Sur la Requefte verballement faite à Reverend Pere en Dieu Vaaft

de

de Grenet Abbé de S. Bertin par Michel Cornette & M. Martin Donkie
pour & au noms des habitans & manans paroiffiens de fainte Marguerite hors la porte du Haultpont , tendant à ce que leur vouldroit accorder
la bénédiction de certain lieu défigné à Atre pour en icelui être inhuméz
les corps morts & infectez de la maladie contagieufe , defirant fatisfaire à ladite requifition , en conformité de l'authorité accordée à nous
& à nos prédeceffeurs & fucceffeurs en dignité, avons confenti & accordé
de grace fpéciale & fans préjudice de la prééminence , droit & authorité
de nôtre Abbaye, que lefdits Requerans puiffent faire femblable Requefte à Monfeigneur le Reverendiffime de S. Omer , pour en nôtre nom
& pour cette fois, obftant que n'avons encoires receu la benediction Abbatiale , faire ladite benediction dudit Atre , déclarant aux Lettres de la
benediction cette nôtre grace requifition & confentement , en la forme
que deffus. Fait en nôtre dicte Abbaye fous nos nom & fcellé le quatriéme d'Octobre 1582. *figné* VAAST DE GRENET , Abbé de S. Bertin ,
cum impreffione Sigilli in carta , cera mediante.

Porro duo illi dicti Parochiani Michaël & Martinus, interrogati à Reverendiffimo Domino & Confilio ejus an habuiffent commiffionem à Parochianis fanctæ Margaretæ prefentandi Domino fancti Bertini hujufmodi Requeftam , id quod fcriptum illud fignificat , dixerunt quod non:
imo quod hactenus femper miffi fuerint à Magiftratu & parochianis ad
Reverendiffimum Dominum. Acta fuerunt hæc & confeffa à dicto Pa-
ftore & dictis duobus parochianis refpective coram Reverendiffimo Domino & Confilio ejus & me. *Signatum erat* LUCAS, *Secretarius , cum figno
manuali.*

C X I I I.

Acte de M. Gillocq Abbé de S. Bertin en 1626.

NOus Sire Philippe Gillocq Abbé de faint Bertin . . . . . . comme
nous étions apparens d'entrer en difficulté contre Monfieur le Re- XCIII.
verendiffime Evêque de S. Omer, a caufe de l'adjournement fait par
notre charge par Antoine le Roi notre Sergeant , des perfonnes de Meffire Antoine le Grand Licentié en la facré Théologie , & Pafteur de l'E-
glife de S. Jean en cette ville de S. Omer , & de Sire Pafquier Heftin
Prêtre & Couftre de l'Eglife Paroiffiale de fainte Marguerite aud. Saint-
Omer à comparoir pardevant Nous ou notre Commis . . . . pour le
refus fait par ledit le Grand de recevoir en ladite Eglife de S. Jean , Maître Jacques Quevillart, auquel nous avions conferé la Coufterie d'icelle
Eglife , & ledit de Heftin pour l'ouïr fur fon incapacité d'exercer pa-
reil Office en ladite Eglife fainte Marguerite . . . . par lefquels actes
& exploits ledit fieur Rever. difoit avoir été faite emprinfe fur les droits,
authorité & jurifdiction Epifcopales . . . . avons confenty & confen-
tons par cette que lefdits adjournemens & exploits foient & demeurent

fans aulcung effet & valeur , nuls & tenus comme non avenus ¨. ¨. ¨. ¨.
ce quinziéme d'Apvril feize cens vingt-quatre.

CXIV.

ISABEL CLARA EUGENIA par la grace de Dieu , Infanta
d'Efpaigne , &c.

LXXXIX. R Everend Pere en Dieu * . . . . ¨. nous avions bien efperé que
vous ayant par nos Lettres du 24e d'Octobre 1624. donné à cog-
noiftre . . . . . mais au contraire nous avons entendu avec regret &
déplaifir , que puis n'agueres vous vous feriez advancé de vous attribuer
les fonctions Epifcopales en inftituant Proceffions folemnelles & publiques , & évocquant à icelles le Clergé tant féculier que régulier fans
permiffion dudit Evêque , contre les difpofitions , tant du Droit commun que du faint Concile de Trente , mefmes qu'au mois de Septembre dernier en l'Eglife Paroichialle de Longueneffe , vous auriez tâchez
d'empêcher ledit Evêque en la benediction d'une cloche , étant revêtu
de fes habits Pontificaux , avec très mauvaife édification du peuple y
prefents & beaucoup d'indignitez fans avoir au préalable faits apparoiftre
d'aucun Tiltres ou Privilege que pourriez pretendre à ces fins , & du-
depuis encor attenté d'introduire une autre nouveauté par voye de fait
tachant de vifiter les Eglifes Paroichialles de la Ville de faint Omer dont
vous dite être Patron , & pour ce que le Pafteur de l'Eglife de Ste Marguerite obéïffant à la deffenfe à lui faite par ledit Evêque , n'auroit voulu
admettre vos Commiffaires à ladite vifitation , vous l'auriez foubs autre
prétexte appellé à votre Cloitre , le conftitué & retenu prifonnier & depuis le condemner en une forme d'amende honorable fans l'avoir voulu
relâcher auparavant qu'il eut accompli votre fentence. Le tout avec pré-
cipitation très grande & contre tout ordre de Juftice , toutes lefquelles
voyes de faits étant peu féantes entre les Prelats de l'Eglife & auffi fcan-
daleufes & tendantes au grand intereft du repos publique , nous avons
eftimé de notre debvoir pour prevenir les inconveniens qui en pouroient
fuivre de vous faire encoires cefte , afin que vous vous abftenié à l'advenir
de femblables voyes de proceder & de toutes autres nouveautées afin
que ne foyons juftement occafioné d'y pourvoir par autres moyens . . . . .
De Bruxelles ce 11. Decembre 1626.

* L'Abbé de S.
Bertin.

CXV.

Litteræ Monitoriales Archiepifcopi Patracenfis , Nuncii Apof-
tolici. 1626.

LXXXVII. J Oannes Francifcus ex com. Guidiis . . . . . Archiepifcopus Patracenfis S. S. D. D. Urbani octavi . . . . . in Belgicis ditionibus cum
facultate Legati à latere Nuncius . . . . . . pro parte Rev. D. D. Epifcopi

Audomarensis nobis querelanter expositum quod Abbas Sancti Bertini..:.
superioribus diebus instituerit Processionem . . . . . . tanto apparatu &
pompâ ut fortassis ante aliquot saecula nihil umquam predecessores ejus
tale meditari aut attentare praesumpserint , maximè Episcopo praesente ,
non modo inconsulto sed etiam penitus inscio , ne dicatur invito, ad
quam convocavit maximam Cleri praefatae civitatis partem imo & Or-
dines Regularium . . . . . cum ipsi se id facere posse negarent . . . . D.
Abbas persistens, ni parerent , se illis omnes eleëmosynas ordinarias de-
negaturum protestatus fuit . . . . . Nos igitur . . . . . mandamus quatenus . . . . ex parte nostra moneatis praedictum R. D. Abbatem Sancti
Bertini omnesque alios . . . . seu inhibeatis quibus etiam & nos tenore
praesentium inhibemus ne sub praeinsertis poenis quidquam attentare vel
innovare praesumant quovis quaesito colore . . . . . Bruxellis die 19.
Septembris 1626. *Signatum* J. Archiepiscopus Patracensis , Nuncius.

Aliae Litterae Monitoriales ejusdem Nuncii.

JOannes. &c. . . . . . Urbani . . . octavi in Belgicis ditionibus . . .
cum facultate Legati à latere Nuncius . . . pro parte Rev. Domini
Episc. Audomar. . . . . expositum quod Abbas Monasterii Sancti Bertini . . . . non desinit ipsum Rev. in suis Episcopalibus
functionibus tumultuosè & nimium pertinaciter perturbare . . . . . die
Sancto Matthaeo sacra cum in Ecclesia de Longuenesse . . . Reverendissimus exponens jam in procinctu esset Canpanam novam ibi benedicere,
superveniens dictus Abbas sex suis aut septem Monachis stipatus qui se
indignè atque contumeliosè inter Exponentem & Campanam rectus fixit
& multis clamoribus magnoque tumultu benedictionem istam . . . . .
retardavit . . . . quâ in re imprudentiam impudentiamque suam jugi-
ter fassus est , dum insolentiam consilio praemisit , quod praeire debuerat
ut ab illa Reverendissimo irrogata injuria abstineret . . . . post aliquot
hebdomadas decrevit Ecclesias Civitatis Audomarensis quae sunt sui patronatus autoritate sua visitare . . . . unde . . . cum . . . ad Parochiam Sanctae Margaretae visitandam venissent , non fuerunt ab ipso Pas-
tore ad visitationem admissi . . . . . verùm . . . . dictus Abbas alio
quaesito colore pastorem illum Sanctae Margaretae nihil tale suspicantem
in monasterium suum . . . . evocatum proditoriè clanculùm & nullo
servato juris ordine in carcerem detrusit totaque nocte ibi detinuit bonum
istum senem ac insontem . . . . sequenti die mane quod visitationem
ejus non admisisset , ad duas libras cerae coram Venerabili Sacramento
accendendas & ad recitandum ibidem semel Rosarium sententiâ suâ licet
innocentem condemnavit , nec illum ante relaxari passus est quam eam
sententiam adimplesset, coactus . . . . à quodam Monasterii famulo pecuniam mutuo accipere ad illam ceram emendam. In quibus cum maxima iniquitas eluceat . . . maxima violentia & injuria illata Pastori seni
& insonti . . . . per haec varia repetitaque attentata . . . Nos tenore

præfentium dicta authoritate Apoftolica fic mandamus & inhibemus ne
fub præinfertis pœnis audeant feu præfumant, feu aliquis eorum audeat
feu præfumat in pofterum talia , ut præfertur , aut alia quæ de jure communi Epifcopo competunt per fe , per fuos aut alios de facto ullo modo
attentare , &c. . . . .

 Datum Bruxellis anno 1626. die **14.** Octobris *erat fignatum* J. Archiepifcopus Patracenfis , Nuncius.

C X V I.

Infinuatio Litterarum Archiepifcopi Patracenfis R. D. Abbati
Sancti Bertini.

LXXXVIII. ANno Domini millefimo fexcentefimo vigefimo feptimo menfis Januarii die quarta nos Ludovicus Defcamps , & Antonius le Roy
Prefbyteri Canonici Ecclefiæ Cathedralis Audomarenfis nec non publici
Sacra autoritate Apoftolica Notarii, ad requifitionem Reverendiffimi Domini Pauli Boudot Epifcopi Audomarenfis impetrantis litterarum Inhi-
bitorialium claufulam citationis continentium , ab Illuftriffimo & Reverendiffimo Domino Joanne Francifco de Comitibus Guidiis à balneo
Nuncio Apoftolico conceffarum Bruxellis die 19. Septembris anni
millefimi fexcentefimi vigefimi fexti hic annexarum , infequentes tenorem earumdem Litterarum & Mandatis Apoftolicis in virtute fanctæ
obedientiæ nobis diftricte factis uti par eft obtemperantes , adivimus Dominum Philippum Gillocq, Abbatem Monafterii Sancti Bertini civitatis
Audomarenfis in domo Abbatiali dicti Monafterii ibique . . . . prædic-
tarum Litterarum Apoftolicarum lectione intelligibili primitus facta eidem Reverendo Domino Abbati dictifque adftantibus cum intimatione
debita . . . . . quibus fic per nos actis prædictus Reverendus Dominus Abbas declaravit nobis fe prænominatas Litteras Apoftolicas (humiliter eas deofculando) finceriffimo corde & affectu recognofcere tamquam ab illo emanatas quem in hifce Belgii partibus fuperiorem fuum
agnofcit eo quod in iifdem partibus Sanctiffimi Domini noftri Papæ vi-
ces gerat.

C X V I I.

Appellatio Abbatis Sancti Bertini à Litteris ejufdem Nuncii.

XCI. . . . . Anno . . . . 1627. . . . . die 17. menfis Aprilis in mei Notarii publici infrafcripti teftiumque infra nominatorum præ-
fentia præfens perfonaliter comparuit R. D. Philippus Gillocq Abbas
Monafterii Sancti Bertini Audomarenfis . . . . exponens dictus R. D.
Prælatus ad fuam notitiam ab aliquot diebus deveniffe qualiter Illuftriffimus D. Archiepifcopus Patracenfis in Belgicis partibus pro tunc Nuntius prætenfo fuo decreto die 19 Septembris anni præteriti 1626 . . . .
inhibuerit ipfi . . . . quo quidem decreto , nec non alio fimili ad

idem & ad alia tendente de data 14. menſis Decembris anni 1626 . . .
ſentiens ſe . . . gravari appellavit & appellat à prædictis decretis &
gravaminibus ad Sanctam Sedem Apoſtolicam cum proteſtatione de pro-
ſequendo . . . ſuis temporibus & loco undè &c. Acta ſunt hæc in civitate Bruxella, in hoſpitio vulgo dicto Paradiſi. . . . *Signatum* STROOGEN
Notarius publicus.

CXVIII.

Requête des Vicaires Generaux de Saint-Omer au Nonce Apo-
ſtolique, à l'occaſion de la Chapelle du College de S. Bertin,
en 1628.

ILluſtriſſime ac Rev. Domine exponitur Illuſtriſſimæ ac Reverendiſ-
ſimæ Dominationi veſtræ pro parte . . . . . Vicariorum generalium vacantis ſedis Epiſcopalis Audomarenſis quod nuper pro parte Rev. Domini Epiſcopi dicti loci expoſitum fuit Illuſt. ac Rev. Domino Archiepiſcopo Patracenſi... Quibus attentis præfatus Illuſt. ac Rev. Dom. Archiepiſcopus Patracenſis ut de opportuno juris remedio eidem Rev. Epiſcopo provideret, conceſſerat quaſdam Litteras Monitoriales & Inhibito-
riales quibus authoritate ſua Apoſtolica ſub variis pœnis accenſuris Eccle-
ſiaſticis præcipiebat ne dictus Abbas auderet in poſterum... nihilominus...
fretus veriſimiliter diffugio quodam appellationis calumnioſæ, nulliter
ac perperam à dictis inhibitionibus dictoque decreto interjectæ ac de
cetero non proſecutæ, haud quaquam erubuit paucis ab hinc diebus abſque Licentia dictorum oratorum ad quos nomine Capituli dictæ Eccleſiæ Cathedralis Audomarenſis dicta ſede Epiſcopali vacante omnis juriſ-
dictio Ordinaria ſpectat in dicta civitate Audomarenſi ſeu Parochia ſancti
Joannis in Collegio quodam ſcholarum ſeu alumnorum ſui Monaſterii
loco non exempto Capellam quamdam de novo conſtruere atque in eo
altare erigere idque publicè & ſolemniter dedicare & per oſtium quod-
dam plateis publicis patens eandem Capellam uſui etiam publico eatenus
deſtinare . . . .

Quare dignetur Illuſtriſſima ac Rev. D. V. hujuſmodi temeritatem
ſeu potiùs pervicacem inſolentiam compeſcere & viciſſim procedere ad
preſatarum pœnarum exactionem & executionem ſpecialiter Ordinando
ut dicta Capella diruatur . . . .

Paulò inferiùs

Fabius de Lagoniſſa ex Marchionibus Montis Herculei Dei & Apoſtolicæ ſedis gratia Archiepiſcopus Compſanus & in Belgio Burgundiæque
Comitatu Nuntius Apoſtolcus mandamus . . . . & interim per
proviſionem & donec aliter Statuerimus dictam Capellam Eccleſiaſtico
interdicto ſubjicimus & ſupponimus. Datum Bruxellis anno Domini
1628 die 23 menſis Maii.

Requête des mêmes Vicaires Generaux au Roi d'Espagne de 1635.

AU ROY.

XC. REmontrent les Vicaires Generaux du Siege Episcopal vacant de Saint-Omer, que feu son Alteffe Sereniffime auroit été servi de faire écrire plusieurs Lettres au Prélat de saint Bertin, & entr'autre celles du 24 Octobre 1624, & du onze Decembre 1626, afin qu'il euft à s'abftenir de toutes fonctions Epifcopales & autres voies de fait . . . . fi eft-ce que fans y avoir égard . . . . il fe feroit ingeré de confacrer publiquement & à grande folemnité l'Autel de certaine Chapelle qu'il avoit fait baftir & ériger en fon College . . . . non fans grandes diffenfions entre luy & les Vicaires Generaux . . . . . ce qu'il auroit auffi fait és autres lieux & Eglifes du Diocèfe d'Ipres & de Boulogne, fous prétexte qu'iceux font de fon patronat, & euft indubitablement confacré la nouvelle Eglife des Peres de la Compagnie de Jefus . . . . . . fi Vôtre Majefté n'y euft pourvû . . . . ont jufte fujet de douter que ledit fieur Prélat ne vienne encore à confacrer autres Eglifes & Autels nouveaux . . . . avec anéantiffement total des droits & authorité dudit Siége Epifcopal de Saint-Omer, caufe qu'ils fupplient très-humblement Vôtre Majefté eftre fervie par fes Lettres ou autrement de défendre audit fieur Prélat bien expreffément, & fur amende de mil écus pour chaque fois, ou telle autre qu'il plaira à Vôtre Majefté de ne confacrer à l'advenir aucuns Autels, Eglifes, ou faire autres fonctions Epifcopales ès lieux ou Eglife fubjetes à l'Ordinaire dudit S. Omer ou autres Diocèfes, ores qu'iceulx foient de fon Patronat . . . . .

Soit cette avec les piéces y jointes envoyée à l'Abbé de S. Bertin, afin qu'enfuite des appointemens précédens il ait à informer Sa Majefté ou ceulx de fon Confeil privé du contenu, & leur envoyer copie des tiltres fur lefquels il fe fonde, lui interdifant cependant de confacrer aucuns Autels ou Eglifes fubjetes à l'Ordinaire de S. Omer, ores qu'elles foient de fon patronat, à peine que y fera pouveu à fa charge. Fait à Bruxelles le 29 Mars 1635. *Signés* CADET & RETAISNE *Notaires.*

CXIX.

Lettre du Roi d'Espagne à l'Abbé de faint Bertin du 30 Août 1634.

PAR LE ROY.

XC. REverend Pere en Dieu, cher & bien-amé, Nous vous envoyons ci inclofe la Requête iterative à nous préfentée de la part des Vicaires Généraux du Siége vacant de l'Evéché de S. Omer, afin de fatisfaire à nos Lettres précédentes du 12 Juing dernier, deans la quinzaine de la

réception de cette peremptoirement , cependant vous ne vous fervirez ,
comme ne feront auffi les Peres de la Compagnie de Jefus aux fins re-
préfentées par ladite Requête d'aucun octroye ou indulte de la Cour de
Rome fans nous en avoir donné part & en obtenu la permiffion : à tant
Reverend Pere en Dieu cher & bien-amé , Notre-Seigneur vous ait en fa
fainte garde. De Bruxelles le 30 d'Août 1634.

C X X.

*Certificat de M. Galere Secretaire de Meffire Chriftophe de France
Evêque de Saint-Omer , 1639.*

. . . . Meffire Chriftophe de France Evêque de Saint- **XCI.**
Omer auroit avec avis & meure déliberation de fon Confeil , ordonné
doit le dixiéme du courant , que la fête de S. Marc tombant cette année
le Lundy après Pafques , feroit tranfportée au Mercredy de la femaine
fuivante , quant à l'abftinence , jeûne jufqu'au midy & Proceffions ordinaires , & fur ce auroient été dépêchez les écrits aux Doyens de ce
Diocéfe , comme auffi de celuy de Boulogne & Amiens en Artois pour
en faire faire la publication par lefdits Pafteurs de chaque diftrict. Le
fouffigné témoigne que peu de jours après par Ordonnance dudit fieur
Reverendiffime , il auroit mis en mains de Sire Antoine Laurin Religieux & Adminiftrateur du temporel de l'Abbaye de S. Bertin (le Siége
Abbatial vacant) un écrit contenant femblable Ordonnance , afin que
les Religieux de ladite Abbaye fe regleroient auffi en cette conformité ;
lequel écrit il auroit accepté & répondu qu'il le communiqueroit au
Chapitre , l'ayant auffi fait afficher au Reveftiaire publique de l'Eglife
de ladite Abbaye . . . . Et comme ce jourd'huy Monfeigneur
Reverendiffime auroit entendu que les Religieux de ladite Abbaye étoient
intentionez de , nonobftant ladite Ordonnance , faire ladite Proceffion le
même jour de S. Marc , ayant en effet fait advertir les PP. Recollets de
cette Ville , qu'ils tiendroient audit jour la Station dans leur Eglife ,
iceluy Secretaire s'eft tranfporté par même Ordonnance à S. Bertin au
quartier dudit Laurin , auquel il a repréfenté ce que deffus , & remontré
que puis que fa Seigneurie Reverendiffime leur avoit fait l'honneur de
leur envoyer par iceluy foubfigné ledit écrit particulier fur ce fujet : qu'il
fembloit auffi de bienféance & de raifon que lefdits Religieux y trouvant
à redire , devoient bien autant de refpect & d'honneur audit fieur Reverendiffime que de faire fçavoir en temps par leur Secretaire ou autre dé-
puté le fujet de leur oppofition ou contredit , & que cette façon de faire
étoit clandeftine , que puifque tout le Diocèfe de S. Omer & celui de
Boulogne & Amiens en Artois , fe régloient en cette conformité , même
les exempts , qu'ils ne devoient faire un monde à part : que le peuple fe
tiendroit mal édifié & fe trouveroient en erreur , de ce que ladite Ordonnance ayant ce jourd'huy été publiée ès Profnes des Paroiffes , & parmis
les Monafteres & Cloîtres , il y feroit le lendemain contrevenu . . . .

Que s'ils vouloient faire ladite Proceffion parmis l'enclos de leur Monaftere, qu'il étoit de leur liberté fans y avoir à contredire; à quoy ledit
Laurin fit réponfe que la chofe avoit été communiquée au Chapitre, &
que les Religieux n'étoient intentionnez de s'y conformer, attendu qu'ils
étoient en poffeffion du contraire, & que de fait l'an paffé ils avoient fait
femblables Proceffions ledit jour de S. Marc, tombant lors au Dimanche, bien qu'elle fut tranfporté au Lundy enfuivant, *qu'ils n'avoient
rien à faire avec les Ordonnances dudit fieur Reverendiffime* ... Qu'ils avoient
encor autres difficultées ja entammées, lefquelles fe devoient bien-tôt
réfumer............ Fait audit Saint-Omer, le vingt-quatre Avril
1639. *Etoit fignée* L. GALLERE, Secretaire, *avec paraphe.*

CXXI.

*Lettre de l'Internonce de Bruxelles du 4 Août 1639,
aux Religieux de S. Bertin.*

.CI. R Everendi ac Religiofi Viri, quamvis ex præfcripto Sacrorum Ca-
nonum.......... Proceffiones, Jejunia & Fefti dies quos loci
Ordinarius......... fervandos & celebrandos præcepit, ab exemptis
omnibus obfervari debeant, neque id hactenus ab ullo fit revocatum in
dubium, intelleximus nihilominus Religiofos iftius Monafterii noluiffe
Proceffionibus........ tranflatis., ... fe conformare, fed aliam
Proceffionem extra proprium Monafterium inftituiffe.......... quod
cum præter auctoritatis Epifcopalis *vilipendium*, *prabuerit graviffimi fcandali occafionem*, *non poteft Sedes Apoftolica factum illud non improbare ac de-
teftari*........ Bruxellis quartâ Augufti 1639.

CXXII.

*Affiche publique faite par les Religieux de S. Bertin au mois de
Juillet 1640.*

XCIV. L Undy prochain 16 Juillet....... fe chantera Meffe folemnelle en
l'Abbaye de S. Bertin à l'heure ordinaire. Après midi les Vefpres,
& icelles achevées environ les trois heures & demie, fuivra la Prédication, & en après la Proceffion avec le Chef dudit Saint, & icelle finie
fe chantera le *Te Deum* . . . .

Les Notaires Royaux, réfidens en la Ville de Saint-Omer, s'étant
tranfportés au portail de l'Eglife du College des Peres de la Société de
Jefus.... y ont vû attacher certain Acte de la teneur.... cy-deffus. A
Saint-Omer le 12 Juillet 1640. *Signé* COEUGNET *&* COPEHEN.

XXIII.

CXXIII.

Atteſtation pardevant Notaires que Meſſieurs de S. Bertin ont fait une Proceſſion particuliere en 1645, dans un jour où l'Evèque avoit indiqué des Prieres publiques dans leur Egliſe.

COmparurent en leur perſonne Maître Jean Danel Prêtre . . . . âgé de 37 ans, & Maître Jean le Roy, auſſi Preſtre . . . . . . âgé de **XCV.** 32 ans . . . . . . leſquels après ſerment preſté és mains de nous Notaires, de la part de Meſſire Chriſtophe de France . . . . Eveſque de Saint-Omer . . . . ont dit, juré & atteſté . . . . . . que le 25 Mai, jour des Prieres ordonnées par mondit Seigneur en l'Abbaye de S. Bertin . . . . les Religieux de ladicte Abbaye auroient fait une Proceſſion hors de leur Enclos par cette Ville avec le port du Saint Sacrement . . . . ce que ſçavent pour ambedeux avoir . . . . . . porté le Baldaquin; vû & exactement reconnu ce que deſſus &c. Ce 18 Juillet 1645. *Signé* DANEL Preſtre, *&* LE ROY Prêtre, *& comme Notaires* CAMPAGNES, *&* RESTAIGNE.

Ledit jour . . . . . maître Lambert Brigodde Preſtre, Paſteur de l'Egliſe Paroiſſiale de Saint Jean, âgé de 44 ans & maître Gilles Haverloix Preſtre Vicaire de la meſme Paroiſſe, agé de 47 ans ont pareillement dit, juré & atteſté . . . . l'atteſtation cy-deſſus contenir verité . . . . ledit ſieur Paſteur pour avoir aſſiſté à ladite Proceſſion . . . . & ledit ſieur Haverloix pour avoir porté le Baldaquin . . . . . . *Signé* LAMBERT BRIGODDE, GILLES HAVERLOIX Preſtres, *& comme Notaires* CAMPAIGNES *&* RETAIGNE.

CXXIV.

Ex Actis Capitularibus Eccleſiæ Cathedralis ſancti Audomari Regiſtro N. Folio 57 recto.

Die decima tertia Julii 1647.

APprochant le tems qu'on avoit accoutumé ès années précedentes de faire ſolemnelles Proceſſions . . . . meſdits ſieurs s'é **CV.** tant aſſemblez & réſolu de ſe trouver en ladite Proceſſion ſurvindrent Sire François Deliers & Antoine Gonzales de Albelda Religieux de l'Egliſe & Abbaye de S. Bertin, députés de la part de Meſſieurs les Abbé & Religieux dudit Monaſtere . . . . . . fut réſolu qu'en ladite Proceſſion ſe porteroient les Chefs des Saints Patrons S. Omer & S. Bertin, & repréſentant iceux ſieurs Députés que pour la conſolation & dévotion du peuple, il étoit auſſi à propos de porter l'Image de Notre-Dame des Miracles; meſdits ſieurs firent difficulté de le faire, craignant que leſdits Religieux de S. Bertin volant porter ladite Image comme l'année

précedente , il ne furvint encore quelque fcandale, à quoy repartirent
lefdits Députés qu'ils croyoient avoir droit de la porter ; ce qui fut nié
par lefdits fieurs de Chapitre , étant tout notoire que la Chapelle de
Notre-Dame fur le marché , & l'Image fufditte étoit de leur pleine adminiftration privativement à tous autres , fur quoy lefdits Députés offri-
rent de donner acte de non préjudice , fi mefdits fieurs leur permettoient
de la porter , ce qui n'a peut les contenter , finalement fut convenu que
lefdits fieurs de S. Bertin donneroient un Acte de la teneure fuivante . . . .

Ex iifdem Actis & Regiftro eodem , folio 130 recto.

CV. LE Mercredy xiiij du préfent mois de Juillet 1649 , à raifon que
Dimanche prochain xviij dudit mois il convenoit enfuite de
l'ordinaire faire les Proceffions . . . . Meffieurs defirant de leur part prévenir & éviter toutes difficultées qui pouvoient arriver fur le fait defdites
Proceffions ja plufieurs fois arrivées à l'occafion d'icelles , députerent
vers Monfeigneur le Reverendiffime en fon Hôtel Epifcopal Meffieurs
de Longueval & Famerœulles Chanoines, leurs Confreres, pour entendre & reconnoître fur ce l'intention de mondit Seigneur & Reverendiffime. . . . . Sur les fix heures de l'après-midy, Sires Pierre d'Affringues
& François Deliers Religieux députés dudit Monaftere furent au domi-
cile de Monfieur de Landas Chantre de cette Eglife . . . . & enfuite de ce
mefdits fieurs fe trouvant lendemain à la fin des Matines en leur lieu Capitulaire , y comparurent lefdits Sires . . . . ayant ès mains
certain billet contenant la minutte des points qu'ils avoient à repréfen-
ter , l'un , & le principal defquels étoit pour ladite Image miraculeufe
N. D. difant qu'ils n'entendoient fuffifamment comme il convenoit fe re-
gler pour le port d'icelle , à quoy leur ayant été répondu que la chofe
étoit évidente , & que les deux Actes de non préjudice qu'ils avoient
donnés ès deux années précedentes les enfeignoient palpablement ; ils re-
pliquerent que leur intention n'étoit de fe conformer pour cette fois au
difpofitive defdits Actes, lefquels fi qu'ils difoient les avoient bien obli-
gez pour lors , mais étoient fans effet au regard du future . . . . . . L'autre
defdits points étoit pour le chant du verfet *Amavit* qui fe chante à telles
folemnités de Proceffions au Chœur de cette Eglife avant la Collecte de
S. Omer, pour laquelle difficulté terminer fommerement. . . . . . .

C X X V.

Chartre de Robert Comte d'Artois de l'an 1169.

CV. RObertus Comes Atrebatenfis Univerfis prefentes litteras infpecturis
falutem. Sincere dilectionis ac devotionis affectum quem ad Ecclefiam beati Audomari noftri predeceffores habuerunt & nos habemus volentes oftendere per effectum, ut ejufdem gloriofiffimi Confefforis pof-
fimus patrociniis facilius adjuvari , predictam Ecclefiam privilegiorum

noftrorum munimine volumus honorare . . . . confentimus infuper
ut Decanus & Capitulum predicte Ecclefie quandocumqne voluerint
edificare valeant de lapidibus Cappellam fuam fundatam in honore beate
Marie Virginis , in foro fancti Audomari exiftentem , quante voluerint
altitudinis fecundum longitudinem & latitudinem predicte Capelle &
jacentium camerarum. In cujus rei teftimonium prefentes litteras figilli
noftri munimine fecimus roborari. Datum Parifiùs, anno Domini millefimo ducentefimo fexagefimo nono menfe Marcio.

Autre Chartre de Robert Comte d'Artois de l'an 1293.

RObertus Comes Atrebatenfis Univerfis prefentes Litteras infpecturis falutem : noverint univerfi quod. nos de fpeciali gratia volumus
& concedimus , ut venerabiles viri Decanus & Capitulum fancti Audomari Morinenfis Dioecefis habeant & percipiant tres pedes de terra fori
Ville noftre fancti Audomari ultra quod ipfi ufque nunc habuerunt &
habent ad edificandum gradus Capelle beate Marie Virginis , in foro
fancti Audomari predicto & fupra predictos tres pedes dictos gradus edi-
ficent & edificari faciant prout vifum eis fuerit expedire . . . .
in cujus rei teftimonium prefentibus Litteris, figillum noftrum duximus
apponendum ; datum & actum anno Domini millefimo ducentefimo no.
nagefimo tertio die Sabbathi poft Magdalenam.

CV.

CXXVI.

Decreta Sacrœ Rituum Congregationis.

Audomaren. in Flandria.

SAcra Rituum Congregatio declaravit non licuiffe nec licere Coadju-
tori cujufdam Abbatiæ Civitatis Audomarenfis in Ecclefia quamvis
exempta àJurifdictione Epifcopi Ordinarii benedicere thus præfente ipfo
Epifcopo hac die tertiâ Martii 1674 , *fignatum* CARDINALIS
BRANCATIUS.

Pro parte Epifcopi Audomarenfis iterum fupplicatum fuit . . . .
declarari an liceat Abbatibus benedicere thus in Ecclefiis Propriis five
aliis quamvis exemptis à Jurifdictione Ordinariorum præfentibus Epif-
copis, & eadem facra Congregatio refpondit non licere hac die 16 Junii
1674 , *fignatum* CARDINALIS BRANCATIUS.

C.

Ordonnance du Nonce des Pays-Bas , qui défend à l'Abbé de Saint Bertin de faire fonner les Cloches le jour du Samedi-Saint avant celles de la Cathedrale.

ANtonius Bichius &c. . . . . committimus Rev. Domino Epifcopo Audomarenfi , ut per cenfuras vel aliàs invocato

XCVII.

brachii fæcularis auxilio , cogere poffit Abbatem Sancti Bertini . . . .
quoad pulfum Campanarum die Sabbati majoris hebdomadæ . . . .
Datum Bruxellis fextâ Aprilis 1647. *Signatum* ANTONIUS Abbas fanctæ
Anaftafiæ.

CXXVII.

Ex Regiftro Actorum Epifcopalium die 2. Januarii 1650.

XCVIII. REverendiffimus Dom. ad fopiendas quafdam controverfias motas inter . . . . F. Jacobum Campion , Religiofum fancti Bertini ex eo
quod prædicaffet Verbum Dei in Ecclefiis Patrum · Recollectorum &
fanctæ Marguaretæ hujus Civitatis in Fefto fancti Marci & diebus Ro-
gationum annis 1648. & 1649. fine Rev. D. D. facultate , evocavit.
. . . . . Exhibita fuerunt hinc indè fcripta Proceffus & litis pen-
dentis indecife in Confilio Arthefie . . . . . deputati Bertiniani faffi
funt dictum Fratrem Jacobum Campion, male feciffe illumque non velle
in pofterum fuftinere in hujufmodi concionibus faciendis, verum illi pro-
hibituros pro parte eorum Abbatis.

CXXVIII.

*Remontrances faites à la Cour de Bruxelles par le Chapitre de
Saint-Omer , en* 1657.

A SON ALTEZE SERENISSIME.

W. LEs Députés du Chapitre Cathédrale de Saint-Omer , fur un bruit
fort conftant que fe faifoient grands efforts pour l'advenchement de
l'Abbé de Saint Bertin à la dignité Epifcopale vacante , ont reprefenté
que pour femblable promotion d'un Abbé au commencement de l'érection de l'Evéché , avant que les revenus de la Prevoté de Watenes feroient joints à la table Epifcopale , ont etéz fufcitez diverfes querelles
& procès par les Abbés de Saint Bertin , contre l'Evêque & Chapitre
pour prééminences pretendues & autres emprinfes fort préjudiciables à
l'authorité Epifcopale , lefquelles refufcite l'Abbé moderne avec autant
de chaleur que nuls de fes prédéceffeurs , voires mefmes en forge tous les
jours nouvelles , ce que faict croire que l'Abbé étant élevé à la dignité
Epifcopale , troublera facilement la paix & la bonne correfpondance
qu'ont euës depuis l'érection dudit Evéché jufques à prefent , les Evêques avec ledit Chapitre.

CXXIX.

Avis au Public de la part des Supérieurs , Religieux & Convent de l'Abbaye de Saint Bertin . . . . contre un Mandement du 20. de May 1692. fait fur le nom de Monfeigneur Meffire Louis Alphonfe de Valbelle , Evêque d'Alet , nommé par le Roy à l'Evêché de Saint-Omer , en qualité de Vicaire General , le Siège vacant.

EStant venu à la connoiffance des Supérieurs , Religieux & Convent de l'Abbaye de Saint Bertin , que l'on a diftribué publiquement au peuple & affiché depuis quelques jours aux portes des Eglifes & de la Ville de Saint-Omer , même que les Curez des Paroiffes ont publié à leurs prônes le 26. du courant , certain Mandement du 20 de ce mois fait fur le nom de Monfeigneur Meffire Louis Alphonfe de Valbelle.

L'on fait fçavoir que ledit Seigneur Evêque n'a eût autre fujet de faire ce Mandement & de publier ces accufations , que parce que lefdits Religieux ont refufé de déferer à un autre Mandement du 14. fait fur le nom de Meffieurs les Vicaires Generaux , qui leur ordonnoit comme à toutes autres Ecclefiaftiques leurs fujets de faire des prieres en leur Eglife le 19. & parce qu'ils ont fait une proteftation de nullité contre ce Mandement en ce qui les regardoit , les raifons de ce refus & de cette proteftation eftantes établies fur . . . . . . leurs anciens droits , privileges & poffeffions authorifez par les Bulles des Papes , Arrefts des Princes & Concordats . . . . .

On laiffe à juger à tout le monde fi leur conduite qui n'a pour butte que la confervation de fes anciens droits , a merité d'être blâmé comme l'on a fait par ce Mandement.

Fait fuivant la réfolution prife au Chapitre dudit Saint Bertin , les Religieux y convoquez au fon de la cloche en la maniere accouftumée , le 28. de May 1692.

Arrêt du Parlement de Paris , du 5. Septembre 1692.

LOUIS par la grace de Dieu , Roy de France & de Navarre , au premier Huiffier de notre Cour de Parlement ou autre notre Huiffier ou Sergent fur ce requis : A tous ceux qui ces prefentes Lettres verront ; Sçavoir faifons que le jour & datte des Prefentes eft comparu judiciairement en notre Cour de Parlement , Meffire Louis Alphonfe de Valbelle , ancien Evêque d'Alet , nommé par Sa Majefté à l'Evêché de Saint-Omer , Maître de fon Oratoire & Vicaire General du Diocefe de Saint-Omer , le Siege vacant ; Demandeur en Requête du treiziéme Aouft mil fix cent quatre-vingt-douze dernier ; tendant à ce qu'il plût à la Cour ordonner que les Parties auront Audience fur l'appel comme

d'abus interjettée par les Deffendeurs cy-après nommés , & cependant
par maniere de provifion fans préjudice du droit des Parties au principal que lefdits fieurs Deffendeurs feront tenus d'obéir au Mandement
des Prieres publiques, du quatorziéme jour de May dudit an mil fix
cent quatre vingt-douze, & faifant faire les Prieres ordonnées par ledit
Mandement pour le vingt-cinquiéme dudit mois d'Aouft , fous telles pei-
nes que la Cour advifera bon être d'une part , & les Abbé & Religieux
de Saint Bertin de ladite Ville de Saint-Omer Deffendeurs d'autre . . . .
Abbé & Religieux de ladite Abbaye de Saint Bertin Demandeurs en
deux Requêtes des trentiéme Aouft & deuxiéme Septembre prefent mois
mil fix cent quatre-vingt-douze ; la premiere à ce qu'il plût à ladite Cour
les recevoir oppofans à l'exécution de l'Arrêt obtenu par ledit fieur Evêque de Saint-Omer, le vingtiéme dudit mois d'Aouft, fignifié le vingt-
troifiéme enfuivant , faifant droit fur l'oppofition , le débouter de fa Requête & le condamner aux dépens ; & la feconde à ce qu'il plût à ladite
Cour ordonner que les Parties auront Audience au premier jour fur
l'appel comme d'abus par eux interjetté des Mandemens des quatorziéme
& vingtiéme jours de May mil fix cent quatre-vingt-douze, & cependant
par maniere de provifion & fans préjudice au droit des Parties au principal , que les Bulles , Sentences & Arrêts dont eft queftion , feront exé-
cutées , en conféquence en tant que befoin eft , les maintenir & garder
dans la poffeffion du droit de ne pouvoir être chargés d'aucunes prieres
& fuplications publiques & extraordinaires indictes par les Evêques de
Saint-Omer de l'avis de leur Chapitre , fi ce n'eft que auparavant l'indiction , communication préalable n'ait été prife avec eux par un du
Chapitre qui à cet effet fera envoyé fur le motif, le jour & la maniere
d'icelles , à quoi il conclut & aux dépens d'une autre part , & ledit Meffire Louis Alphonfe de Valbelle audit nom Deffendeur encore d'autre ,
après que Nouet pour Valbelle & Vezin pour ledit Abbé & Religieux
ont été ouis , enfemble Dagueffeau pour le Procureur General du Roy,
notreditte Cour ayant égard à la Requête de la Partie de Nouet , fans
s'arrêter à celle de Vezin fur l'appel comme d'abus ; ordonne que les Parties auront Audience au lendemain Saint Martin , cependant par provifion & fans préjudice des droits des Parties au principal , ordonne que
les Mandemens donteft queftion & autres qui pourront être ordonnés dans
la fuite fur même fujet, feront exécutés , enjoint aux Parties de Vezin
d'y obéïr & de faire les Prieres qui leur feront indictes par les Parties
de Nouet : mandons mettre le prefent Arrêt à dûë & entiere exécution
felon fa forme & teneur , de ce faire te donnons pouvoir. DONNE' à Paris
en Parlement , le cinquiéme jour de Septembre , l'an de grace mil fix
cent quatre-vingt-douze & de notre Regne le cinquantiéme. Etoit figné
par la Chambre DU TILLET.

CXXX.

A Monseigneur l'Eveque de S. Omer.

SUpplie humblement Louis Edouard de la Corbiliere Prestre Promoteur, & vous expose, qu'il vient de voir à l'entrée du Cloitre le Reverend Abbé de Saint Bertin avec Mittre en teste & Crosse à sa main, lequel déclare vouloir marcher à la Procession solemnelle qui va se faire, entre les deux rangs de la procession. Il vous represente que cette entreprise est une nouveauté qui n'a jamais esté attentée par ledit Sieur Abbé, depuis vint un. an que vous estes Eveque, que s'il croit avoir quelque raison pour former telle prétention, il n'est pas juste qu'il commence par une voye de fait, & que dans un jour si Saint, il vienne troubler le respect dû au Saint Sacrement & à la pieté des fidelles, en montrant au public une idée si extraordinaire & si contraire à son etat : que pour faire cesser le scandale qui en résulte à tout le peuple assemblé pour la sainteté de la Ceremonie, il se retire vers vous, pour que selon l'authorité qui vous est donnée par le Concile de Trente sess. 25. chap. 13. *de Regular.* de decider des contestations qui pourroient survenir au sujet des Processions, & sur tout de pareilles Processions Generales où le Saint Sacrement est porté, il vous plaise exhorter & neantmoins enjoindre au Reverend Abbé de Saint Bertin de faire disparoistre sa Crosse & sa Mittre à peine de suspense *ipso facto* de ses ordres & benefice, sauf à lui à marcher en chappe & bonnet, & de fermer le rang queses Religieux tiennent, & en cas de plus grande prétention de sa part, de se pourvoir par telles voyes de droit qu'il jugera convenir.

L. E. De la Corbiliere.

A Versailles le 16. Juin 1705.

MONSIEUR,

J'AY rendu compte au Roy de ce qui est arrivé à la Procession du Saint Sacrement jeudy dernier, dans laquelle M. l'Abbé de Saint Bertin

voulut se trouver avec sa Crosse & sa Mittre , prétendant en avoir le
droit. Comme il ne s'en étoit point servi depuis vingt-huit ans * , & qu'il
a pris un parti qui a causé beaucoup de scandale , l'intention de Sa Majesté est , qu'en attendant que ses Titres ayent été examinez , il s'abstienne
d'y assister , & elle m'a commandé de vous dépescher ce Courier , pour
que vous teniez la main à l'exécution de cet ordre en prenant les mesures
les plus honnestes avec mondit Sieur l'Abbé ; mais en faisant éxécuter les
Ordres du Roy par les voyes que vous trouverez les plus convenables ,
s'il vouloit y apporter quelque obstacle. Je suis.

* Cette époque n'est relative qu'à la prise de S. Omer en 1677 ; & nulle-ment à la possession.

MONSIEUR,

A MONSIEUR
Monsieur De Clerac de la Mamie ,
Lieutenant de Roy , à S. Omer.
CHAMILLLART.

Votre tres - humble & tres-
affectionné Serviteur.
CHAMILLART.

NOUS Lieutenant de Roy & Commandant au Gouvernement de
Saint-Omer , certifions que la copie de la Lettre de l'autre part du seize
Juin est conforme à celle que j'ai eu l'honneur de recevoir de Monsei-
gneur de Chamillart , en foy de quoi j'ai signé le present Certificat. A
Saint Omer , le dix & huit du mois de Juin mil sept cent cinq. *Signé*
CLAIRAC DE LA MAMYE.

*Collation faitte à ladite Copie & Certificat original
du Sieur de Clairac de la Mamie , à nous re-
presenté & rendu , la presente Copie a esté trouvé
y Concorder par les Notaires Royaux d'Artois ,
soussignes à S. Omer le vingt-trois de Septembre
mil sept cens trente-cinq.* DUCROC ALLART.

Extrait des Registres du Conseil d'Etat du Roy.

VU par le Roy étant en son Conseil , le Memoire en forme de Procès
verbal , dressé & envoyé à Sa Majesté par le Sieur De Clerac de la
Mamie Lieutenant au Gouvernement de Saint Omer , concernant ce
qui s'est passé en ladite Ville de Saint Omer , le quatriéme du present
mois de Juin jour de la Feste-Dieu , à l'occasion de la Procession du Saint
Sacrement , à laquelle le Sieur Abbé de Saint Bertin a assisté avec sa
Crosse & sa Mitre , nonobstant les trois monitions qui lui avoient été signifiées de la part du Sieur Evêque de Saint Omer pour qu'il ait à se re-
tirer , & l'acte de suspense qui , faute d'avoir obéi , lui fut ensuite signi-
fié

fié de la part dudit fieur Evêque de Saint-Omer, & Sa Majefté jugeant
important de prévenir les fuites que pourroit avoir la conteftation d'entre ledit fieur Evêque de Saint-Omer, & l'Abbé de Saint Bertin fur ce
fujet, tout confideré, Sa Majefté étant en fon Confeil a évoqué & évo-
que à foi & à fon Confeil le different & conteftation entre le fieur Evêque de Saint-Omer & l'Abbé de Saint Bertin, pour raifon du fait fuf-
dit, circonftances & dépendances, & en conféquence a ordonné & ordonne que ledit fieur Abbé de Saint Bertin produira les tittes fur lefquels il prétend d'établir fon droit d'affifter aux Proceffions publiques
avec fa Croffe & fa Mittre, pardevant le fieur Bignon Confeiller d'Etat
& Intendant de Juftice, Police & Finances en Picardie & Artois, lequel Sa Majefté a commis & commet pour entendre les Parties & dreffer
procès-verbal de leur dires & raifons, ainfi que des Titres & des Pieces
par elles produites, pour icelui veu par Sa Majefté, être par elle fait droit
ainfi qu'il appartiendra ; deffend Sa Majefté de fe pourvoir pour raifon
de ce ailleurs que pardevant le fieur Bignon à peine de nullité, caffation de
procedures, dépens, dommages & interefts : deffend en outre Sa Majefté audit fieur Abbé de Saint Bertin d'affifter aux Proceffions publiques
avec fa Croffe & fa Mittre jufqu'à Jugement définitif, ce fans préjudice
du droit qu'il peut avoir. Fait au Confeil d'Etat du Roy, Sa Majefté
y étant, tenu à Verfailles le 18. Juin 1765. *figné* CHAMILLART.

*EXTRAIT d'un Certificat tiré d'un Procès-verbal de l'année
1614, tenu par-devant Monfeigneur l'Evèque de Saint-
Omer, dans une procédure entre le Prévôt d'Aire, & l'Abbé
d'Ham.*

Folio 112.

COmparurent perfonnellement François Carpentier Machier du
Chapitre, & préfentement Clocqueman de l'Eglife Cathedrale de
S. Omer, en la ville dudit S. Omer, eagé de foixante-quatorze ans, &
Antoine du Hailly Machier moderne d'icelle Eglife, eagé de qnarante-
cincq ans, le tout ou environ, lefquels & chacun d'eux après ferment fo-
lemnel fait & prêtés ès mains de nous Notaires des Archiduques fouffi-
gnés, ouys fur les Interrogatoires exhibées de la part de Meffire Hiero-
me de France, Prévoft de l'Eglife Collegiale de S. Pierre à Aire, ont dit,
juré, attefté, & pour vérité affermé, ledit Seigneur Prévoft abfent,
qu'ils ont bonne connoiffance de la perfonne dudit Seigneur Prévoft, lequel ils ont veu depuis tout le tems qu'il auroit comparu à la Synode
diocéfaine que fait tenir chacun an Monfeigneur le Reverendiffime Evêque de S. Omer, qui eft de huit à dix ans en cha fans autrement pouvoir
cotter le tems qu'iceluy Seigneur Prévoft, en qualité de Prélat, Chief
& Supérieur de fon Eglife dépendante du Diocéfe dudit Saint-Omer,
fortant *in Pontificalibus* * du Reveftiaire de lad. Eglife Cathedrale & mar-

chant pruceſſionellement , tient le premier rang & la premiere place après Monſieur le Doyen du Chapitre dudit Saint-Omer , &c.

Cet Extrait eſt conforme au Certificat inſeré dans le ſuſdit Procés-verbal.
Tem-Felix Wallart , Secretaire.

EXTRAIT d'un Certificat inſeré daus un ancien Procès-verbal tenu par-devant Monſeigneur l'Evêque de Saint-Omer en l'année 1614 , à l'occaſion d'une procedure entre Monſieur le Pérvòt d'Aire & Monſieur l'Abbé d'Ham.

Folio 114.

COmparut en ſa perſonne Laurent Brunet Appariteur de la Cour ſpirituelle , & Machier de Monſeigneur le Reverendiſſime Evêque de S. Omer , eagé de cinquante-trois ans ou environ , lequel après ſerment fait & prêté ès mains de nous Notaires ſouſſignés , juré , ouy & examiné ſur les Interrog. Exhibées de la part de Meſſire Hierôme de France Prévoſt de l'Egliſe Collegiale de S. Pierre en la ville d'Aire , a dit , juré , atteſté , & pour vérité affermé en l'abſence dudit ſieur Prévoſt , que à bonne cognoiſſance de la perſonne dudit ſieur Prévoſt , lequel il a veu depuis tout le tems qu'il auroit comparu à la Synode Diocéſaine que fait tenir chacun an Monſeigneur le Reverendiſſime Evêque de S. Omer , qui eſt de huit à dix ans en cha , ſans autrement pouvoir cotter le tems qu'icelluy Sr Prévoſt en qualité de Prélat , Chef & Supérieur de ſon Egliſe dépendante du Diocèſe dudit Saint-Omer , ſortant *in Pontificalibus* du Reveſtiaire de l'Egliſe Cathedrale , & marchant proceſſionnellement tenir le premier rang & la premiere place après Monſieur le Doyen du Chapitre dudit Saint-Omer , &c.

Cet Extrait eſt conforme au ſuſdit Certificat inſeré dans le ſuſdit Procés-verbal.
Tem. Felix Wallart , Secretaire.

De l'Imprimerie de Ph. Nic. Lottin , rue Saint Jacques , à la Verité.